Henri Nissen/Rolland Baker (Fotos)

Mama Heidi

Über den Autor

Henri Nissen ist Chefredakteur des dänischen christlichen Magazins Udfordringen. Zuvor arbeitete er als Pressesprecher im dänischen Parlament und für verschiedene Missionsgesellschaften, für die er auch nach Asien und Afrika reiste. Mit seiner Familie lebte er drei Jahre in Kamerun. Henri Nissen hat bereits mehrere Bücher veröffentlicht.

Henri Nissen
Rolland Baker (Fotos)

Mama HEIDI

Heidi Baker –
die inspirierende Geschichte einer Frau,
die Tausenden von Waisenkindern
die Liebe einer Mutter schenkt

Aus dem Englischen von Beate Zobel

GerthMedien

Inhalt

Wo liegt Mosambik?

Fläche: 799.380 qkm
Der Sambesi und 24 weitere Flüsse teilen das 2.800 Kilometer lange Land von West nach Ost und erschweren das Reisen in Nord-Süd-Richtung.
Einwohnerzahl: 23.405.670
Jährliches Bevölkerungswachstum: 2,35 %
Stadtbewohner: 38,4 %
Hauptstadt: Maputo

Religionszugehörigkeit
Christen: 56,1 %
Muslime: 17,9 %
Andere Religionen/Naturreligionen: 7,3 %
Keine Religion: 18,7 %

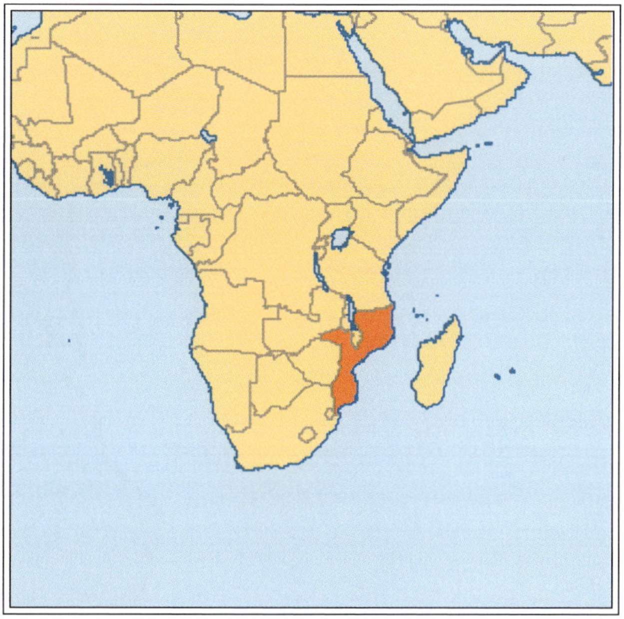

Die Provinzen Mosambiks

1. Cabo Delgado
2. Gaza
3. Inhambane
4. Manica
5. Maputo (Hauptstadt)
6. Maputo (Provinz)
7. Nampula
8. Niassa
9. Sofala
10. Tete
11. Zambézia

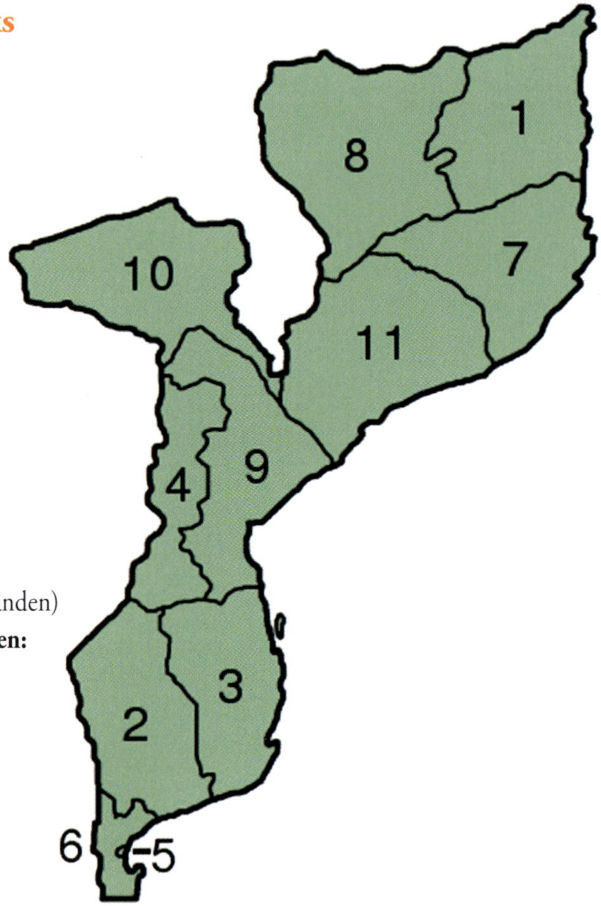

Amtssprache: Portugiesisch (wird von weniger als 30 % der Bevölkerung verstanden)
Zahl der einheimischen Landessprachen: 53 (Makua, Tsonga, Nyungwe, Ronga, Ngoni, Chopi, Tonga, Ndau, Tswa, Swahili, Sena)
Human Development Index (Wohlstandsindikator): Rang 180 von 182 (Human Development Bericht der Vereinten Nationen, 2014)
Währung: Mosambikanischer Metical (MZN)
Telefonvorwahl: +258
Internet-TLD: .mz
Verkehr: Linksverkehr
Unabhängigkeit:
- 25. Juni 1975 von Portugal
- Verfassung am 30. November 1990

Staatsform: Präsidialrepublik
Zeitzone: Zentralafrikanische Zeit, das entspricht UTC (Weltzeit) +2, keine Umstellung auf Sommerzeit
Klima: tropisch, zwei Jahreszeiten, Regenzeit von Oktober bis März, Trockenzeit von April bis September, starke Niederschläge in der Küstenregion, im Norden und Süden geringere Niederschläge, Niederschlagsmengen schwanken je nach Region zwischen 500 und 900 mm pro Jahr, durchschnittliche Niederschlagsmenge 590 mm, häufige extreme Wetterereignisse (tropische Wirbelstürme, Dürren, Überschwemmungen)

Klima in Pemba
Durchschnittliche Tagestemperaturen zwischen 22 °C und 32 °C
Schwül-heiße Regenzeit von Dezember bis April
Trockenzeit von Mai bis November mit durchschnittlichen Tagestemperaturen von 28 °C
Wassertemperaturen schwanken zwischen 25 °C und 30 °C

Iris Global

Kontakt und aktuelle Informationen
www.irisglobal.org/home

Wollen Sie Heidi und Rolland Baker als Gastsprecher einladen,
dann verwenden Sie das Formular auf dieser Seite:
www.irisglobal.org/contact

Oder schreiben Sie direkt an

Pastor Rolland E. Baker, D. Min.
rolland@irisglobal.org

Heidi B. Baker, Ph.D.
heidi@irisglobal.org

MOZAMBIQUE
UNITED REPUBLIC OF
TANZANIA
ZAMBIA
MALAWI
DEMOCRATIC
REPUBLIC OF
THE CONGO
ZIMBABWE
BOTSWANA
SOUTH AFRICA
SWAZILAND
INDIAN OCEAN
Mozambique Channel
Lake Malawi
Lake Nyasa
Lake Bangweulu
Lake Chifungwe
Lake Kariba
Lake Malombe
Lake Chilwa
Lago de Cahora Bassa
Licoma Is. (MALAWI)
Lilongwe
Lusaka
Harare
Pretoria
Mbabane
Cabo Delgado
Palma
Mocimboa da Praia
Mueda
Mecula
Quissanga
Pemba
Ancuabe
Montepuez
Namuno
Namapa
Metangula
Chiconono
Marrupa
Lichinga
Maúa
Mandimba
Cuamba
Mecubúri
Ribáuè
Nampula
Meconta
Murrupula
Nametil
Memba
Nacala
Monapo
Mossuril
Moçambique
Mogincual
Angoche
Ilha Angoche
Moma
Gile
Pebane
Vila Junqueiro
Erego
Namarrói
Lugela
Milange
Morrumbala
Namacurra
Vila da Maganja
Quelimane
Mopeia Velha
Marromeu
Chinde
Vila Gamito
Vila Coutinho
Furancungo
Fíngoè
Zumbo
Cahora Bassa Dam
Magué
Moatize
Tete
Changara
Guro
Chemba
Vila Fontes
Inhaminga
Manica
Chimoio
Sussundenga
Dondo
Beira
Espungabera
Chibabava
Nova Mambone
Inhassôro
Ilha do Bazaruto
Ilha Benguérua
Vilanculos
Ponta São Sebastião
Ponta da Barra Falsa
Mabote
Chicualacuala
Mapai
Massinga
Morrumbene
Inhambane
Homoine
Panda
Massingir
Inharrime
Guija
Chibito
Quissico
Manjacaze
Xai-Xai
Magude
Macia
Manhiça
Moamba
Maputo
Namaacha
Boane
Bela Vista
CABO DELGADO
NIASSA
NAMPULA
ZAMBÉZIA
TETE
SOFALA
MANICA
INHAMBANE
GAZA
MAPUTO
Rovuma
Ruvuma
Messalo
Lugenda
Lúrio
Ligonha
Licungo
Zambeze
Zambezi
Luangwa
Buzi
Save
Changane
Limpopo
Olifants
10° 12° 14° 16° 18° 20° 22° 24° 26°
28° 30° 32° 34° 36° 38° 40° 42°
National capital
Provincial capital
Town, village
Airport
International boundary
Provincial boundary
Main road
Railroad
0 50 100 150 200 km
0 50 100 150 mi
The boundaries and names shown and the designations used on this map do not imply official endorsement or acceptance by the United Nations.

Die Pemba-Basis

Kapitel 1

Eine ganz besondere „Mama"

Im Vorfeld habe ich alles mit der Schwedin Marta Söderberg abgeklärt. Sie ist Heidi Bakers Assistentin und hat mir zugesagt, dass ich Heidi Baker begleiten kann, wenn sie einige Dörfer besucht. Woche für Woche nimmt diese Frau sich Zeit, um Alleinerziehende, alte Frauen und Kranke in den umliegenden Ortschaften zu besuchen.

Marta hat vorgeschlagen, dass ich mich um 7 Uhr im Versammlungsraum mit Heidi Baker treffe. Nach kurzem Zögern meint sie dann aber, 7.30 Uhr würde auch reichen. Eigentlich hätte sie auch 11.30 Uhr sagen können, denn dann erst ist Heidi bereit.

Für mich ist das gewöhnungsbedürftig, komme ich doch gerade erst aus Europa, das zwar stressig, aber effektiv funktioniert. Natürlich weiß ich, dass die Uhren in Afrika langsamer gehen. Aber im Fall von Heidi ist das etwas anderes.

Ihre enorme Verspätung liegt nicht an fehlender Organisation oder mangelnder Disziplin. Im Gegenteil: Sie gibt immer alles und konzentriert sich völlig auf jeden Einzelnen.

Eine Teilnehmerin der Harvest-Bibelschule hört aufmerksam zu.

Das ist eine der Ursachen für den ungewöhnlichen Erfolg ihres Dienstes, der mehr bewegt als viele andere, obwohl so manche westliche Mission „effektiver“ arbeitet als *Iris Global Ministries* – so heißt die Mission, die Heidi gegründet hat. Doch darum geht es ihr nicht. Sie betont bei jeder Gelegenheit, wie wichtig es ist, den Einzelnen zu sehen. An diesem Morgen kann ich sie stundenlang dabei beobachten.

Tausend Kinder in einer Schulklasse

Die Kirche ist ein großer Schuppen mit einem Blechdach über dem Boden aus Beton. An einer Seite befindet sich ein Podest, das als Bühne dient. Hier tanzen im Sonntagsgottesdienst und auch während der Woche oft Hunderte zur Anbetungsmusik. Auf der anderen Seite wurde aus einem ehemaligen Baugerüst eine Tribüne gebaut. Stufenförmig angeordnete Holzbretter bieten zusätzlich Hunderten von Menschen Platz.

An diesem Morgen sitzen die älteren Schulkinder dort, während der Platz der Kleinen vor der Tribüne auf dem Boden ist. Knapp tausend junge Afrikaner mit krausem Haar und blauen Schuluniformen gehören dieser Schulklasse an. Sie haben das Glück, hier angenommen worden zu sein. Die Warteliste ist lang, rund zweitausend weitere Namen stehen dort. Laut und voller Begeisterung antworten die Kinder, wenn die Lehrerin

Kirche in Pemba: Etwa tausend Menschen beten Jesus an, Afrikaner und Ausländer gemeinsam.

etwas fragt. Der Unterricht findet in Portugiesisch statt, in der offiziellen Landessprache Mosambiks. Manches wird auch in Makua übersetzt, das in diesem Teil des Landes hauptsächlich gesprochen wird.

Einige Jugendliche führen heute ein Theaterstück auf. In bunten Kostümen spielen sie, wie Jesus im Garten Gethsemane verhaftet wird. Petrus zückt das Schwert und schlägt das Ohr eines Soldaten ab, doch Jesus heilt seinen Feind. Während seine Freunde fliehen, wird er gleich darauf unsanft abgeführt, zu seiner Hinrichtung.

Sie lebt, was sie lehrt

Inzwischen ist Heidi da. Mit schnellen Schritten eilt sie in billigen Flipflops hin und her. Die Kinder lieben sie sehr. Auch die Lehrer strahlen, wenn Heidi zu ihnen kommt. Dann geht sie auf die Bühne und spricht zu den Versammelten. Sobald Heidi Baker redet, wird die davor so unruhige Menge still. Sie fesselt alle, auch die kleinsten Kinder hören ihr zu.

Mit großen Armbewegungen unterstreicht sie jeden Satz und wirbelt über die Bühne wie eine Tänzerin. Was sie vermittelt, ist kein Wissen aus zweiter Hand. Sie spricht über das, was sie täglich lebt, mit vollem Körpereinsatz gibt sie ihr Innerstes preis. Ihre Worte sind eindrücklich, aber nicht ohne Humor.

Ein häufiger Anblick – Heidi ist tief in ihrer Anbetung versunken.

Vergangenen Sonntag sprach sie über den Unterschied zwischen einem Adler und einem Huhn. Dazu hüpfte sie hühnerartig über die Bühne, ihre beiden Übersetzer hüpften hinter ihr her. Die Szene war urkomisch, doch die Botschaft prägte sich ein. „Selbst wenn sie schon keinen Kopf mehr haben, rennen die Hühner immer noch ziellos herum", demonstrierte sie. „Wir Christen können auch den Kopf verlieren – unser Kopf ist Jesus. Ohne ihn rennen wir genauso herum. Doch die Adler sind ganz anders", fuhr sie fort und breitete ihre Arme aus.

„Adler flattern nicht auf der Erde herum wie Hühner", erklärte sie weiter und schien mit ihren weit ausgestreckten Armen über die Bühne zu gleiten, „sie breiten die Arme aus und erlauben dem Aufwind, sie hoch in die Lüfte zu tragen."

Ein Segenstunnel

Etwa eine Stunde später kommen die Teilnehmer der Harvest-Bibelschule an. Es sind dreihundert Leute aus zweiundvierzig Ländern der Welt. Sie alle kommen in das arme Mosambik, um hier von „Mama Aida" zu lernen, wie man Liebe praktisch lebt. Es ist eine Liebe, die grundsätzlich alle Menschen einschließt, aber besonders dem Einzelnen gilt.

Die Bibelschüler stehen geduldig am Rand der Hütte und warten, bis die Schulkinder fertig sind. Da hat Heidi eine Idee und wendet sich den Bibelschülern zu. Bereitwillig

Begeisterte, fröhliche Harvest-Bibelschüler an ihrem ersten Tag im neuen Trimester.

Heidi auf der Bühne der großen Kirche in Pemba.

formen diese ein Spalier, durch das die Kinder kurz darauf nach draußen gehen. Das Ganze wird „Feuertunnel" genannt. Langsam ziehen die Kinder an den jungen Ausländern vorbei, die intensiv beten und liebevoll segnend die vielen dunklen Lockenköpfe berühren. Die Kinder lieben das. Einige umarmen die jungen Leute spontan und eine Atmosphäre der Liebe und Freundlichkeit liegt in der Luft. Jetzt ist es hier genauso, wie „Mama Aida" es liebt.

Eine fröhliche, leidenschaftliche Anbetungszeit

Kaum sind die Schulkinder weg, legt eine Band auf der Bühne los. Es ist Anbetungszeit, damit fängt für die Bibelschüler jeder Unterrichtstag an. Die Plastikstühle reichen nur für wenige, die meisten sitzen, knien oder liegen auf den Matten, die auf dem Boden vor der Bühne verteilt sind.

Viele tanzen zur landestypischen Musik, Heidi mittendrin. Es ist ein Tanz, den jeder beherrscht: ein paar Schritte nach links, ein paar Schritte nach rechts, immer hin und her, mit erhobenen Armen und einigermaßen im Takt.

Obwohl Heidi hier zu den Älteren gehört, tanzt sie kräftig mit. Schon bald rinnt ihr der Schweiß übers Gesicht und ihre Haare werden feucht. Sie ist blond und kämmt die kurzen hellen Haare einfach nach hinten aus dem Gesicht. Ihre Haarfarbe weist auf ihre norwegische Abstammung hin, ihre Vorfahren waren Wikinger.

Nach mehreren lauten, rhythmischen Liedern ändert sich der Stil. Die Musik wird ruhig, kurze Sequenzen werden viele Male wiederholt. Viele singen auch gar nicht mehr mit, sie tauchen ein in ihre persönliche Anbetung zu Gott. Mit erhobenen Händen stehen sie ruhig da, die Augen sind geschlossen, sie öffnen sich innerlich für Gott. Andere sitzen, auch sie haben die Augen zu, ihre Lippen bewegen sich im persönlichen Gebet, während die Musik nur noch im Hintergrund spielt.

Ich sehe Heidi nicht. Sie wird doch nicht ohne mich zu den Dörfern gefahren sein? Doch da entdecke ich sie, vor der Bühne, wo sie mit ausgestreckten Armen auf dem Boden kniet. Eine Stunde lang verharrt sie dort. Mal legt sie sich flach auf den Bauch, dann erhebt sie sich wieder in die kniende Position. Sie ist völlig in Gottes Gegenwart vertieft, alles andere spielt jetzt keine Rolle für sie. Was andere denken, ist ihr egal.

Heidis Geheimnis

Als ich sie später frage, was ihr Geheimnis ist, antwortet sie mit Worten, die ich aus den Psalmen kenne. Sie spricht von ihrem verborgenen Ort der Begegnung mit Gott, von ihrem geheimen Zufluchtsort. Diese Formulierung findet sich in den Psalmen oft.

„Du, Gott, bist mein sicherer Zufluchtsort, mein Schutz in Zeiten der Not" (Psalm 32,7; NGÜ).

„Siehe, dir gefällt Wahrheit, die im Verborgenen liegt, und im Geheimen tust du mir Weisheit kund" (Psalm 51,8; LÜ 84).

„Schon als ich im Verborgenen Gestalt annahm, unsichtbar noch, kunstvoll gebildet im Leib meiner Mutter, da war ich dir dennoch nicht verborgen" (Psalm 139,15; Hfa).

„Du sagst: ‚Der Herr ist meine Zuflucht.' Beim höchsten Gott hast du Schutz gefunden" (Psalm 91,9; GN).

Heidi Baker liegt in Gottes Gegenwart – das ist ihr geheimer Zufluchtsort, hier empfängt sie Gottes Kraft.

Auch Jesus sprach von diesem Ort und forderte die Jünger auf, oft dorthin zu gehen: „Wenn du beten willst, dann geh in dein Zimmer, schließ die Tür zu und bete zu deinem Vater, der im Verborgenen ist. Dein Vater, der auch das Verborgene sieht, wird dich dafür belohnen“ (Matthäus 6,6; GN).

Was Heidi Baker sagt, das lebt sie auch. Sie sucht diese Begegnung mit Gott und nimmt sich oft stundenlang Zeit für Anbetung und Gebet. Dann erst geht sie in ihren Alltag, mit Gottes Kraft und geleitet von seinem Geist. Was dann geschieht, ist für Menschen nicht zu erklären, es ist Gottes übernatürliches Werk, das er durch sie tut.

Voll des Geistes

Als die Musik langsam verebbt, richtet sich Heidi Baker auf. Sie geht auf die Bühne und sagt: „Ich weiß, heute war eigentlich auch Unterricht geplant. Aber die Anbetung war so schön. Das war viel wichtiger als alles, was ich sagen kann. Den Unterricht können wir irgendwann nachholen, aber die Gegenwart des Heiligen Geistes ist viel, viel kostbarer.“

Niemand scheint enttäuscht zu sein, weil es keine Lehre gibt, obwohl alle gerne zuhören, wenn Heidi Baker spricht. Doch wer diese Bibelschule besucht, der sehnt sich nach der Begegnung mit Gott. Immer wieder wird der Ausdruck gebraucht: ‚Wir wollen Gottes Vaterherz näherkommen.‘ Diese Studenten wollen erfüllt werden von Gottes Geist, sie wollen im Inneren berührt werden, wollen lachen und weinen in Gottes Gegenwart – je nachdem, was der Heilige Geist gerade in ihnen bewirkt. Der Vergleich mit Pfingsten liegt auf der Hand. Als der Geist Gottes auf die Jünger kam, benahmen sie sich wie unter Alkoholeinfluss. Petrus erklärte dem Volk: „Wir sind nicht betrunken, sondern von Gottes Geist erfüllt.“ So ähnlich scheint es auch hier zu sein.

Manche berichten, sie hätten Jesus gesehen. Trotzdem ist die ganze Atmosphäre nicht ekstatisch, sondern sehr entspannt. Jeder kann sich so geben, wie ihm zumute ist, es wird wirklich nichts forciert.

Das kommt mir entgegen, denn ich spüre nicht gerade viel. Während die anderen tanzen und feiern und in Gottes Gegenwart versunken sind, sitze ich auf meinem Plastikstuhl, beobachte alles, denke über vieles nach und frage mich, ob unsere Fahrt vielleicht auch gestrichen ist, so wie der Unterricht.

Zeit für den Einzelnen

Nach und nach verlassen die Bibelschüler den Versammlungsort. Jetzt kann es nicht mehr lange dauern, es geht schon auf Mittag zu. Gleich wird Heidi Baker kommen, dann fahren wir in der herrlichen Meeresbrise am Indischen Ozean entlang, darauf freue ich mich. Das Meer ist nur wenige Hundert Meter entfernt, weiße Wellen brechen sich ununterbrochen am Strand.

Doch ich täusche mich, es geht noch lange nicht los.

Heidi bleibt bei jedem Einzelnen stehen, umarmt unzählige Weiße und Schwarze, nimmt sich für jeden Zeit. Alte Frauen küsst sie auf die faltige Haut, erkundigt sich, wie es ihnen geht und hört den Antworten aufmerksam zu. Sie behandelt jede Person, als wäre sie Teil ihrer Familie, sie kennt alle und hat jeden lieb.

Diese Aufmerksamkeit dem Einzelnen gegenüber kenne ich nicht. Mutter Teresa muss vielleicht so gewesen sein. Oder Jesus, von ihm lesen wir das auch …

Zwei taube Frauen werden geheilt

Ich warte lange, habe mir wieder einen Stuhl besorgt. Jemand bringt zwei taubstumme Frauen vorbei. Heidi begegnet ihnen liebevoll und fürsorglich, wie sie es bei jedem tut. Doch freundliche Worte sind für diese Frauen nicht genug. Heidi fängt an zu beten, sie betet um Heilung des Gehörs. Die eine Frau hüpft plötzlich auf und ab, sie jubelt vor Freude, ihre Ohren sind geheilt. Kurz darauf jubelt auch die andere. Beide hören und scheinen geheilt zu sein. Doch Mama Heidi betet immer noch. Dann redet sie mit den beiden – und tatsächlich, jetzt reden die ehemals Taubstummen auch!

Es ist nicht das erste Mal, dass ich sehe, wie Jesus jemanden heilt. Das ist immer wieder schön. Aber Heidi betet auch für Kranke auf ihre ganz besondere Art.

„Eile lassen wir nicht zu. Wir nehmen uns Zeit, mit dem Kranken zu reden. In Ruhe und ganz einfach begegnen wir ihm“, sagte sie neulich, als sie predigte.

„Wir sind wie Jesus unterwegs: mit viel Zeit für die armen, einfachen Leute am Wegesrand.“

Jetzt betet sie für ein Mädchen, das aussieht, als wäre es blind. Die Kleine ist vielleicht zwölf Jahre alt. Heidi nimmt sich viel Zeit für sie und redet lange mit ihr. Doch die Augen werden nicht geheilt. Trotzdem strahlt das Mädchen anschließend übers ganze Gesicht. Die lieben Worte, die herzlichen Umarmungen, das Interesse und der Zuspruch taten ihr gut. Heidi wendet sich nun an die Leute aus ihrem Team. Das Mädchen soll am Unterricht teilnehmen und praktische Hilfe braucht es auch. Dann redet Heidi mit der Frau, die das Mädchen mitgebracht hat. Die Blinde ist ein Waisenkind, stellt sich heraus. Es gibt so unendlich viel Not in diesem Land.

„Doch“, höre ich Heidi oft, „natürlich kann man etwas tun. Wir müssen uns nur Zeit nehmen für den Einzelnen, so wie Jesus das auch immer tat. Jetzt macht er das durch uns.“

Es hängt alles von Jesus ab

Bevor wir am Parkplatz ankommen, gibt es noch viele, für die Heidi stehen bleibt. Dann steigen wir in ihr Auto ein. Der Fahrersitz ist rechts und der Wagen hat Allradantrieb. Ich klettere auf den Beifahrersitz, während hinten viele Mitfahrer hineindrängen. Doch es geht immer noch nicht los. Einige Waisenjungen aus dem Internat laufen über den

Heidi bleibt bei jedem Einzelnen stehen, umarmt unzählige Weiße und Schwarze, nimmt sich für jeden Zeit. Dabei erkundigt sie sich, wie es ihnen geht und hört den Antworten aufmerksam zu. Sie behandelt jede Person, als wäre sie Teil ihrer Familie.

Dieses elternlose Mädchen wurde von christlichen Nachbarn in die Gemeinde gebracht. Heidi redet lange mit dem Kind. Dafür lässt sie alle anderen warten. Erst viel später erscheint sie an der Tür, begleitet von ihrer schwedischen Assistentin.

Platz zu uns, es gibt wohl dringenden Gesprächsbedarf. Kaum ist das geklärt und Heidi sitzt neben mir, da kommen weitere Mitarbeiter und Gäste zu uns, durchs Fenster reden sie mit ihr. Wir stehen in der glühenden Sonne und machen die Türen wieder auf. Eine weitere Viertelstunde vergeht, bis auch diese Probleme alle besprochen sind. Heidi hat Zeit. Auch während sie langsam rückwärts aus dem Parkplatz rollt, reden die Leute noch mit ihr und gehen neben ihrem offenen Fenster her. Schnell wird ihr noch ein Blatt gereicht, jemand bewirbt sich um einen Arbeitsplatz.

Heidi ist es wichtig, den Armen eine gute Ausbildung zu ermöglichen. Stolz erzählt sie mir, dass einer der Jungs, den sie am Anfang aufgenommen hat, inzwischen einen sehr guten Job hat.

„Es ist so erstaunlich, wie Jesus alles verändern kann", erklärt sie mir, während sie fährt. Eigentlich ist es doch der Verdienst von ihr und ihrem Mann, dass Hunderte von armen Kindern nun in eine strahlende Zukunft gehen, denke ich. Aber so sieht Heidi das nicht, sie schreibt alles Jesus zu, ihrem „besten Freund". Zuerst gab Jesus ihr und ihrem Mann diese ungewöhnliche, übernatürliche Liebe zu den armen Menschen in Mosambik, seither kümmert er sich darum, dass sie immer genug haben von allem, was jeder braucht.

Ob es nun an Heidi oder an Jesus liegt – auf jeden Fall hat sich alles verändert im Leben dieser Waisen, für die es früher keine Zukunft gab.

Sie redet auch noch mit den Leuten, während sie langsam rückwärts vom Parkplatz fährt.

Jeder Christ kann für Kranke beten

Und dann rollt das Auto tatsächlich los, über einen holprigen Weg aus getrockneter rotbrauner Erde, am Meer entlang.

„Von der Entfernung her hätte man das auch ohne Auto geschafft", erklärt Heidi mir, „aber ich hätte ständig bedürftige Menschen getroffen und am Ende wären wir noch viel später dran."

Dann schlägt sie vor, dass ich jetzt meine Fragen stelle, während der Fahrt, um die Zeit effektiv zu nutzen. Nach vier Stunden Gottesdienst fehlt es mir an Konzentration, doch sie ist fit.

„Wenn du für einen Kranken betest, weißt du vorher schon, ob die Person gesund wird oder nicht?", frage ich.

„Nein, das weiß ich nicht, aber ich glaube, was Jesus sagt. Alle Christen können für Kranke beten. Wir haben das oft erlebt. Ich versuche, mich vom Heiligen Geist leiten zu lassen. Manchmal zeigt mir der Heilige Geist bestimmte Menschen, an denen Jesus wirken will. Dann ist es wichtig, dass ich mir Zeit nehme für sie."

„So wie ich neulich auch Zeit für deine Fragen hatte", lächelt sie mich an. Ich weiß, was sie meint und lächle zurück. Es ist ein paar Tage her, als ich am Eingang des

Wir nehmen auf der Matte Platz. Die Frau, die hier wohnt, ist mager und arm, aber sie freut sich sichtlich über den Besuch. Seit ihr Mann sie und die drei Kinder verlassen hat, hilft ihr die Iris-Mission, diese Unterkunft zu bezahlen.

Versammlungsraumes auf sie lauerte, während ihre Mitarbeiter versuchten, sie vor all den Leuten zu ‚schützen', die ihre Zeit beanspruchten. Aber sie nahm sich Zeit für mein Interview und hat auch heute wieder Zeit für mich, ehe sie in wenigen Tagen nach Europa fliegen wird, um auf zwei Konferenzen vor Tausenden von Menschen zu sprechen.

Viele verlassene Frauen und Kinder

Sie parkt neben einem Haus, mitten im Dorf. Die Hütte ist nur teilweise überdacht, die Wände sind aus Lehm, nur wenig Holz stützt die Konstruktion. Ich spähe hinein, eine Matte bedeckt die bloße Erde, eine Plastikschüssel, ein paar Kochgeräte und einige Kleidungsstücke scheinen alles zu sein, was man hier besitzt.

Wir nehmen auf der Matte Platz. Die Frau, die hier wohnt, ist mager und arm, aber sie freut sich sichtlich über den Besuch. Seit ihr Mann sie und die drei Kinder verlassen hat, hilft ihr die Iris-Mission, diese Unterkunft zu bezahlen. „Wir sind hier, um sie, ihre Kinder und ihr Zuhause zu segnen", flüstert Heidi mir zu.

„Neunundneunzig Prozent der Frauen, die mir begegnen, sind verlassen worden. Es ist leider hier normal, dass Männer ihre Frauen wegschicken. Eine Meinungsverschiedenheit

Wo auch immer Heidi auftaucht, gibt es Menschen, die ihre Hilfe brauchen. Die Probleme sind endlos. Doch sie nimmt sich Zeit für den Einzelnen und sie nimmt von Herzen Anteil an jeder Not. Oft genug fallen ihr auch Lösungen ein.

genügt, oder die Frau erfüllt die Erwartungen des Mannes nicht, oft sucht er sich auch einfach eine Jüngere."

„Ist es gesetzlich zulässig, seine Frau einfach so davonzuschicken?", frage ich.

„Ja, das ist es schon. Die meisten hier sind Muslime. Sie dürfen vier Frauen gleichzeitig haben, für sie ist Scheidung ganz normal. Dazu kommt, dass die Armen sich keine Hochzeit leisten können. Also heiraten sie nicht offiziell. Sie ziehen zusammen – dann ist die Trennung leicht", erklärt sie und tiefes Mitgefühl schwingt in ihrer Stimme mit.

„Aber wenn die Leute Christen werden, dann heiraten sie auch, bleiben in Treue zusammen und gründen stabile Familien."

Wir singen und beten und segnen die Kinder und ihre Mutter. Auch herzliche Umarmungen fehlen nicht. Strahlendes Lächeln, anerkennendes Schulterklopfen – diese Frau und ihre Kinder hat Gott heute ermutigt und gestärkt.

Ein praktischer Verstand

Dann gehen wir im Ort umher und „Mama Aida" redet mit einigen Arbeitern. Es geht um Grundstücke. Ein Nachbar hat sein Haus mitten auf die Straße gebaut und damit die Zufahrt zum Grundstück der Mission versperrt. Einer der Arbeiter regt sich auf. Ist der Nachbar dumm oder dreist? Heidi besänftigt ihn. Es wird sich bestimmt eine Lösung finden. Der Mann glaubt ihr, denn sie kennt sich aus. Mama Heidi hat Erfahrung beim Kaufen von Land und beim Häuserbau.

„Sie weiß immer, welches Land man kaufen sollte. Als sie vor vielen Jahren das Grundstück für ihr eigenes Haus kaufte, war das fast umsonst. Niemand wollte es haben. Heute ist es sehr begehrt, ganz nahe am Meer, eine wunderschöne Lage", erzählt mir einer der Arbeiter.

„Woher hast du diese Kenntnisse?", frage ich.

„Der Heilige Geist ist mein Ratgeber", antwortet sie.

Vor Kurzem kaufte die Iris-Mission ein riesiges Grundstück, fünfzig Hektar groß. Heidi möchte eine Universität für die Armen errichten. Ihr Ziel ist es, dass es eines Tages die beste Universität in ganz Afrika sein wird. Ein ehrgeiziger Traum – aber was Heidi träumt, erfüllt sich oft.

Mit Motoröl gesalbt

Dann besuchen wir ein neu gebautes Haus. Es gehört einem der ersten Jungs, den die Bakers vor Jahren in ihre Obhut nahmen. Monat für Monat hat er einen Teil seines Lohns zur Seite gelegt und so das Geld für sein Haus zusammengespart. Heidi bemerkt die gute Qualität des Gebäudes und lobt viele Details.

„Es ist einfach wunderschön!", sagt sie immer wieder.

Ein Nachbar hat sein Haus mitten auf die Straße gebaut und damit die Zufahrt zum Grundstück der Mission versperrt. Der afrikanische Arbeiter regt sich auf. Ist der Nachbar dumm oder dreist? Aber Heidi umarmt und besänftigt ihn. „Es wird sich bestimmt eine Lösung finden lassen“, tröstet sie ihn.

„Dieser junge Mann war ein Waisenkind, genau wie so viele andere armen Kinder. Seine Kleider waren zerrissen und er lungerte auf den Straßen herum, ziellos, hoffnungslos. Nie hätte er ein normales Leben führen können. Und jetzt das – es ist einfach unglaublich, was aus ihm geworden ist! Eines Tages wird er mit seinen Kindern in diesem Haus leben." Die Arbeiter lachen herzlich beim Gedanken an die zukünftigen Kinder des jungen Mannes.

„Mama Aida" bittet um Öl, sie will den Türrahmen der Haustür salben. Es findet sich ein Kanister Motoröl, eine kleine Menge wird in den Deckel des Kanisters gefüllt. Heidi steckt ihren Finger ins Öl und fordert uns auf, das auch zu tun.

„Aber nur am Türrahmen, nicht an der Wand", erklärt sie mit leicht mahnender Stimme, „nicht dass es nachher solche Fettflecken gibt wie bei mir am Haus. Die gehen nie wieder ab."

So wird der Türrahmen gesalbt und wir beten für den Segen und den Schutz der Familie, die hier leben wird.

„Er braucht ein Küchenfenster"

Auf der Rückfahrt kommen wir an einem einfachen Holzlager vorbei. Heidi hält spontan und erklärt, dass einer ihrer Arbeiter ein Küchenfenster braucht, das er sich aber nicht leisten kann. Sie schaut mich mit ihren durchdringenden blauen Augen an und ich verstehe auch ohne Worte, dass ich das Holz für den Fensterrahmen bezahlen soll. Sie selbst hat während dieser Fahrt auch schon einer gebrechlichen alten Frau Geld geschenkt.

„So machen wir das hier. Wir segnen uns gegenseitig. Schon viele Leute haben diesen Mann gesegnet und ihm verschiedene Teile für sein Haus geschenkt. Er hilft auch wieder anderen. Bis vor Kurzem hatten wir selbst nur zwei Schlafzimmer in unserem Haus. Aber dann haben uns Freunde, die selbst nur ganz wenig verdienen, das Material für einen kleinen Anbau geschenkt. Der Händler hat dabei auch noch auf seinen Gewinn verzichtet. Ist das nicht schön? Wenn wir uns gegenseitig beschenken, sind wir alle gesegnet. Und alle haben immer genug."

Zeit? – Ja, immer!

Es ist etwa 15 Uhr, als wir wieder auf das Gelände der Mission fahren. In einer einfachen Hütte am Berg, hinter der Gebetshütte und der Garage, ist Heidis Büro. Fast alle Gebäude sind landestypisch gebaut, aus krummen Balken und Wänden aus rotem Lehm. Als wir eintreffen, sitzen vor Heidis Hütte alle Mitarbeiter in einem Kreis. Sie haben uns früher erwartet, doch sie lächeln, wissen sie doch, dass Heidi sich immer für jede Not Zeit nimmt. Eigentlich war vereinbart, dass wir früher zurück sind und ich noch ein Interview mit Heidi führen kann.

Es ist spät. Die Mitarbeiter warten. Sie muss einfach müde sein, nach allem, was heute schon war. Doch sie führt mich ins Büro und schließt die Tür. Dankbar stelle ich meine Fragen. Dann betet sie für mich, auch dafür hat sie noch Zeit.

Mama, Mama …

Diese Mutter kommt zu den Bakers, weil sie ihre Drillinge nicht mehr ernähren kann, nachdem ihr Mann sie verlassen hat.

Kapitel 2

Wie Jesus in Heidis Leben trat

Bist du in einer christlichen Familie aufgewachsen?

„Nicht wirklich. Meine Mutter war Mitglied der Episkopalen Kirche[1], sie war aber sehr liberal. Mein Vater ist Jude, doch seine Familie schloss sich der katholischen Kirche an. Als Student wurde er zunächst Atheist, später war er Agnostiker[2]. Ich wurde in der Episkopalen Kirche konfirmiert. Aber ich hörte dort nie etwas davon, dass man von Neuem geboren werden kann."

Gottes Kraft beim Abendmahl

Hast du als Kind schon Gott erlebt?

„Ja, ich war von klein auf an geistlichen Dingen interessiert. Meine Mutter erzählt, dass ich in der Kirche aufstand und die Bibeltexte sagte, bevor der Priester sie las. Der Geist Gottes war schon damals auf mir. Ich redete immer mit Gott, beten erschien mir ganz normal.

Meine Eltern dachten, sie könnten keine Kinder bekommen. So haben sie meinen Bruder adoptiert. Dann wurde meine Mutter unverhofft schwanger und ich kam zur Welt.

Doch mein Bruder starb und ich wurde todkrank. Da besann sich mein Vater wieder auf Gott und betete für mich. Er versprach: ‚Gott, wenn sie nicht stirbt, soll sie dir gehören.'

Für meine jüngere Schwester hat er so etwas nie gebetet, nur für mich. Vielleicht habe ich deshalb von klein auf Gott gesucht, obwohl ich nur wenig über ihn wusste.

Dann nahm ich zum ersten Mal in der Episkopalen Kirche das Abendmahl ein. Ich wusste immer noch wenig von Jesus und Gott. Aber in diesem Gottesdienst kam die Kraft Gottes so stark über mich, dass ich zu Boden sank. Unser Priester erklärte später:

---

1 Die Episkopale Kirche in den USA entspricht der Anglikanischen Kirche in England. Es werden Taufe, Konfirmation und Abendmahl gefeiert, aber die Lehre von der Wiedergeburt ist kaum bekannt.

2 Anders als ein Atheist behauptet der Agnostiker nicht, dass es keinen Gott gäbe. Doch er geht davon aus, dass man nicht sicher sagen kann, ob es einen Gott gibt oder nicht. Agnostiker glauben nicht an Gott und sind auch keine Christen.

‚Ich habe schon von solchen Wirkungen gelesen, das passiert manchmal, wenn Menschen emotional überwältigt sind.'"

Du bist in der Kirche auf den Boden gefallen?

„Ja, die Kraft Gottes kam über mich und ich fiel zu Boden. Doch niemand verstand, was geschah. Alle dachten, ich hätte ein Kreislaufproblem."

Bist du dabei Gott begegnet?

„Ja, die Liebe Jesu erfüllte mich. Von da an liebte ich ihn noch viel mehr als zuvor, aber ich kannte ihn immer noch nicht."

Förderschule

Heidi Baker schloss später ihr Studium an der Universität in London mit einem Doktortitel ab – obwohl sie als Kind unter einer so schweren Lese-Rechtschreib-Schwäche litt, dass man sie aus der Schule nahm. Sie besuchte zunächst eine besondere Klasse für Kinder mit ähnlichen Schwächen wie sie. Schule war für Heidi damals nicht schön.

Aus diesem Grund kam sie mit dreizehn Jahren in ein Schweizer Internat. Sie blieb ein Jahr dort und lernte – trotz Lese-Rechtschreib-Schwäche – mühelos Deutsch. Außerdem hatte sie Ballettunterricht, der ihr Jahre später in Asien zugutekam.

Soll das alles sein?

Heidi wurde sechzehn und ihr Vater fragte nach ihrem Geburtstagswunsch. Sie wünschte sich ein großes Fest mit vielen Leuten und einer rockigen, lauten Band. Auf ihrer Terrasse zu Hause sollte der Auftritt sein. Ihr Vater kümmerte sich darum. Viele junge Leute kamen zu dem Konzert, manche hatte Heidi noch nie gesehen. Die Party war ein Traum, viele Teenager beneideten sie.

„Eigentlich hätte ich mich wie im siebten Himmel fühlen müssen: Ich hatte Geburtstag und wir feierten diese Megaparty, es gab eine geniale Band, so viel Leben, so viel Energie … Aber ich war immer noch weit entfernt von Gott. Ich wollte wissen, was Liebe ist. Die Hippies kamen und brachten ihre Drogen mit, es gab LSD und alles Mögliche. Ich ging zwischen den Leuten umher, sah sie an, alle waren high. Mit Gott hatte das nichts zu tun. Die Leute waren einfach nur zugedröhnt.

Ich weiß noch, wie ich dachte: ‚Das Ganze macht gar keinen Spaß. Keiner freut sich, es ist nicht lustig, die Drogen bestimmen alles hier.'

Die Polizei kam mehrmals in dieser Nacht. Doch mein Vater hatte mich wirklich lieb und hatte das Fest für sein Mädchen organisiert. Als die Polizei wiederkam, empfing er sie mit einem Gewehr – die Flinte war alt, geladen war sie nicht. Aber er bat die

Polizisten zu gehen, mit Gewehr in der Hand, weil dies der Geburtstag seiner Tochter war. Ich erinnere mich genau, wie schön ich das fand."

Unter Indianern

Mit sechzehn Jahren zog Heidi als Austauschschülerin nach Mississippi, um dort ein soziales Jahr zu absolvieren. Sie kam zu den Choctaw-Indianern – in eine Welt, die für sie fremd und bedrückend war. Die Indianer, unter denen sie arbeiten sollte, waren arm und es gab keine Zukunftsperspektive für dieses Volk.

Draußen wurde es Frühling, doch Heidi hatte sich von der allgegenwärtigen Mutlosigkeit anstecken lassen. Sie zog sich in ihre Unterkunft zurück und bekämpfte die Kakerlaken, die in jeder Ritze saßen.

Da kam ihr die Einladung einer Freundin gerade recht. Heidi wusste nicht, was eine Erweckungsversammlung war, doch sie ging mit. Alles war besser, als bei den Kakerlaken zu sein. Es regnete und die beiden Mädchen kamen tropfnass an. Heidi wollte sich einfach nur irgendwo in der Menge verkriechen und beobachten, was geschah. Doch daraus wurde nichts. Als einzige Blonde fiel sie allen auf. Ein Navajo-Indianer, der vorn stand, sprach davon, wie er die Weißen früher gehasst hatte, samt ihrer ganzen westlichen Kultur. Heidi fühlte sich gar nicht wohl in ihrer hellen Haut. Doch dann, so erzählte der Navajo-Prediger weiter, traf er einen, der nur auf das Herz achtete, nicht auf die Farbe der Haut. „Jeder von uns ist ein Sünder, jeder braucht Vergebung seiner Schuld", fuhr er mit lauter Stimme fort und lud alle, die Vergebung wollten, ein, nach vorne zu kommen.

Niemand stand auf. Nur Heidi war tief bewegt. Die Tränen strömten ihr übers Gesicht, als sie nach vorne lief. Fünfhundert Indianer beobachteten sie dabei. Die Frau des Predigers empfing sie am Altar, umarmte sie liebevoll und redete beruhigend auf sie ein. Doch Heidi schluchzte auf: „Nein, nichts wird gut. Ich bin eine Sünderin!" Es dauerte einige Zeit, bis sie ihre Fassung wiedererlangte.

Neu geboren

Es war der 13. März 1976, der Tag ihrer geistlichen Wiedergeburt.

Nach dem Gottesdienst kam Glenda, die Klavierspielerin, zu ihr. Sie umarmte Heidi und erklärte: „Als Nächstes brauchst du den Heiligen Geist." In der Episkopalen Kirche hatte Heidi den Begriff schon gehört, wusste aber nicht, wofür er stand. Doch sie wollte alles, was es von Gott für sie gab.

„Ich fühlte mich so leicht und so frei wie ein Schmetterling. Meine Stimmung änderte sich komplett. Ich sang den ganzen nächsten Tag lang Lieder für Jesus, ich war voller Liebe zu ihm. Ich konnte es kaum erwarten, bis es Abend war, dann wollte ich mit Glenda in ihre Gemeinde gehen."

Glenda nahm Heidi in ihre Pfingstgemeinde mit, eine Pentecostal Holiness Church[3]. Auf die Heiligung der Christen wurde hier viel Wert gelegt, was man schon am Kleidungsstil sah. An diesem Abend fiel Heidi nicht wegen ihrer Hautfarbe auf, sondern wegen der Jeans und dem knappen Top, das sie trug. Doch die rund dreißig Leute, aus denen die Versammlung bestand, legten alle die Hände auf das Mädchen aus Kalifornien und beteten für sie. Während des Gebets erlebte Heidi zuerst eine tiefe Dunkelheit. Dann kam ein helles Licht. Was mit ihr geschah, war so überwältigend, dass es keine Worte dafür gab. Stattdessen redete sie plötzlich in einer anderen Sprache, die sie selbst nicht verstand.[4]

Noch am selben Abend wurde sie im Wasser getauft.

Staunend entdeckte Heidi eine neue geistliche Welt und nahm alles begierig auf. Lesen fiel ihr immer noch schwer, also besorgte die Gemeinde ihr eine Bibel zum Anhören, auf vielen Kassetten war der ganze Bibeltext. Sie hörte diese Kassetten, bis sie ausgeleiert waren. Die Pastoren der Gemeinde nahmen Heidi wie eine Tochter bei sich auf. Heidi war glücklich über alles, nahm jeden Rat an, lernte zu beten und zu fasten und übernahm auch willig die ganzen Regeln, die in der Gemeinde üblich waren. Dazu gehörte auch ein bestimmter Kleidungsstil und das Tanzverbot.

Gott ist dir in einer Pentecostal Holiness Church begegnet. Welche Elemente dieser Bewegung waren bedeutsam für dein Leben mit Gott?

„Für mich war es wunderbar, dass diese Leute Jesus richtig gut kannten. Es waren wirklich heilige Leute. Sie liebten Jesus leidenschaftlich. Ich lernte fasten und beten und die Liebe zu Gottes Wort.

Sie nahmen mich sehr freundlich auf. Während der Woche arbeitete ich im Indianerreservat, doch an den Wochenenden luden sie mich zu sich ein. Es waren tolle Leute, ich hatte sie richtig gern."

---

3 Die Pentecostal-Holiness-Gemeindebewegung entstand in den USA zu Beginn des 20. Jahrhunderts aus der von John Wesley beeinflussten Lehre über die Bekehrung (aus der auch die methodistische Kirche entstand) und aus der in den Pfingstgemeinden wiederentdeckten Erfahrungen mit dem Heiligen Geist.

4 Das Sprachengebet ist eine Gabe des Heiligen Geistes. In Apostelgeschichte 2 wird beschrieben, wie der Heilige Geist an Pfingsten auf die Jünger kam. Sie begannen, in fremden Sprachen zu reden und verstanden selbst nicht, was sie sagten. Aber die Ausländer in der Stadt hörten, dass sie Gott in ihren verschiedenen Muttersprachen anbeteten. Paulus erklärt in seinen Briefen, dass ein Christ, der in Sprachen betet, im Geist Geheimnisse mit Gott austauscht.

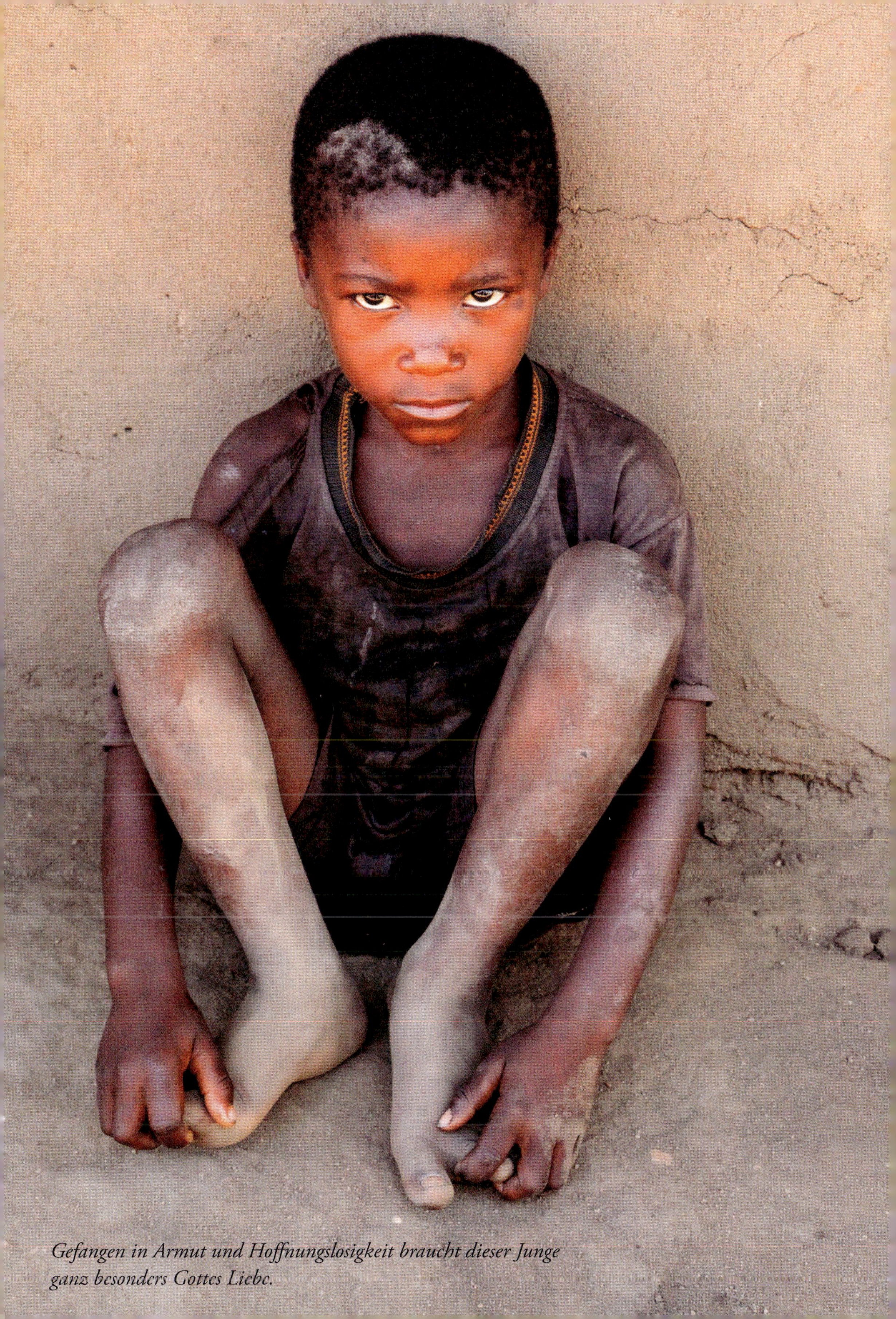

Gefangen in Armut und Hoffnungslosigkeit braucht dieser Junge ganz besonders Gottes Liebe.

Also war es für dich wichtig, eine Zeit lang in dieser Gemeinde zu sein?

„Das war äußerst wichtig für mich! Ich bin unendlich dankbar für alles, was ich in der Pentecostal Holiness Church gelernt habe und was Gott mir dort gab. Meine erste große Begegnung mit Gott erlebte ich dort."

Berufen für Afrika

Ende Mai fastete Heidi fünf Tage lang. Sie wollte wissen, was Gottes Plan für ihre Zukunft war. Am fünften Tag fand ein Gottesdienst statt und Heidi ging in die kleine Gemeinde, draußen vor dem Indianerreservat. Während der Pastor mit seiner lauten Stimme predigte, spürte Heidi, wie es sie innerlich nach vorne zog. Sie ging zum Altar und kniete sich hin. Da wurde ihr eine weitere große Begegnung mit Gott geschenkt. Eingetaucht in ein helles Licht spürte sie eine Liebe, die alles Bisherige übertraf. Den predigenden Pastor nahm sie nicht mehr wahr, sondern eine andere Stimme sprach direkt zu ihr: ‚Du bist berufen, Predigerin und Missionarin zu sein. Du wirst für mich nach Afrika, Asien und England gehen.'

In einer Vision erlebte Heidi, wie sie mit Jesus verheiratet wurde. Er küsste ihre Hand und es war wie warmes Öl auf ihrem Arm. Die Liebe, die sie spürte, war so gewaltig, dass sie wusste, sie würde alles, absolut alles für ihn tun, wohin auch immer er sie senden würde.

Als Gottes Herrlichkeit allmählich nachließ, bemerkte Heidi, dass sie mehrere Stunden lang am Altar gekniet hatte, die Hände erhoben, doch nichts tat ihr weh. Nur sprechen konnte sie zunächst noch nicht. Aber sie lachte vor Freude. Gott hatte sie berufen, er hatte eine Aufgabe für sie! Gleich am nächsten Tag begann sie zu predigen. Sie predigte zu jedem, der in ihre Nähe kam. Während sie weiter im Reservat arbeitete, die Sprache der Indianer lernte und manche handwerklichen Fertigkeiten von ihnen übernahm, steckte sie einige Jugendliche mit ihrer Begeisterung für Jesus an und führte sie zum Glauben an ihn.

Dem Sturm gebieten

Eines Tages wollte Heidi an einem Heilungsgottesdienst teilnehmen.

„Aber mir fehlte das Geld zum Tanken und meine Eltern schickten mir nichts, weil sie nicht wollten, dass ich zu dieser Veranstaltung fuhr. So saß ich in meinem Auto, ohne Benzin, und betete: ‚Ich befehle jetzt dem Benzin, in den Tank zu kommen!' Da bewegte sich die Nadel der Tankanzeige vor meinen Augen nach oben. Ich lud meine Freunde ein und wir fuhren los. Doch während der Fahrt kamen uns zwei Wirbelstürme entgegen. Niemand hatte das jemals mit mir geübt. Aber obwohl ich noch eine so junge Christin war, zeigte ich auf die Stürme und erklärte: ‚Ich widerstehe euch!' Diese Formulierung hatte ich in der Gemeinde schon gehört. Ich versuchte es noch

einmal: ‚Ich widerstehe euch im Namen Jesu!' Da drehten sich tatsächlich beide Stürme und verschwanden vor unseren Augen."

Keine Lese-Rechtschreib-Schwäche mehr!

„So kamen wir in diesem Heilungsgottesdienst an. Der Prediger erwähnte verschiedene Bibelstellen – Hesekiel, Jesaja, Matthäus – und ich schlug sie alle auf. Das konnte ich bis dahin nicht. Ich konnte ja nicht einmal lesen.

Meine Lese-Rechtschreib-Schwäche war so gravierend, dass es für mich eine schreckliche Einschränkung war. Ich schämte mich sehr und lernte alles auswendig, was ich nicht lesen konnte – so schaffte ich es, trotzdem einigermaßen gute Noten zu bekommen.

Dann wurde für mich gebetet. Wieder fiel ich unter der Kraft Gottes zu Boden. Als ich später wieder aufstand und zu meinem Platz zurückging, konnte ich lesen, genau wie jeder andere auch. Schreiben konnte ich immer noch nicht. Ich weiß nicht, warum Gott mir nicht auch gleich die Rechtschreibung gab. Aber ich verstand jedes Wort, das ich las, zum ersten Mal überhaupt. Ich war so begeistert", erzählt Heidi und strahlt immer noch vor Freude über dieses Wunder, das Gott vor über fünfunddreißig Jahren tat. Heute hat sie einen Doktortitel und spricht viele verschiedene Sprachen.

Unter den Obdachlosen und Drogenabhängigen

Als Heidi nach Ablauf des Jahres wieder in Kalifornien war, überzeugte sie den Priester der Episkopalen Kirche davon, dass sie in der Kirche einen Raum benötigte. Sie erzählte den Obdachlosen, den Alkoholikern und Drogenabhängigen, was sie mit Jesus erlebt hatte und half ihnen gleichzeitig in praktischen Dingen. Jahrelang machte sie das. Dabei traf sie auch immer wieder auf Menschen, die dämonisch besessen waren. So lernte sie in der Praxis, wie man im Namen Jesu Dämonen austreiben kann. Dazu kam ein weiteres Geschenk – sie lernte Gott zu hören und sprach prophetisch zu anderen.

„Meine Familie verstand mich nicht. Sie gingen auf Abstand zu mir und meinem neuen Lebensstil. Besonders meine Schwester war sehr aggressiv und feindselig mir gegenüber. Sie dachte im Ernst, ich sei durchgedreht."

Heidis Eltern bekehren sich

„Es dauerte zwanzig Jahre, bis meine Eltern zum Glauben fanden. Ich durfte dabei sein, als sie von Neuem geboren und mit dem Heiligen Geist erfüllt wurden. Meine Freude war groß.[5]

---

5 Johannes 3,3 (Hfa): „Darauf erwiderte Jesus: ‚Ich will dir etwas sagen, Nikodemus: Wer nicht neu geboren wird, kann nicht in Gottes neue Welt kommen.'"

Mein Vater wurde Pastor. Meine Mutter, die sehr von Gottes Geist erfüllt war, blieb in der Episkopalen Kirche, bis mein Vater starb. Dann kam sie zu uns nach Mosambik und half uns hier.

Meine Schwester blieb lange Zeit abweisend. Sie verstand mich und meinen Glauben einfach nicht. Ich wartete siebenunddreißig Jahre lang auf sie. Dann endlich, als sie uns im Juni 2013 besuchte, passierte es.

Sie war kaum in unserem Gottesdienstraum, als die Gegenwart Gottes auf sie kam. Zuerst wurde ihre Achillessehne geheilt. Dann fing sie an, in Sprachen zu beten. Sie fiel zu Boden, lachte und weinte." Heidi ist sichtlich bewegt, während sie das erzählt.

Ein afrikanisches Dorf, umgeben von einer rauen, weiten Landschaft.

Kapitel 3

Sie gibt alles auf

Später, als du das Southern California College besucht hast, das heute Vanguard University heißt, hast du andere Christen und Gemeinden kennengelernt. Das hat sich auf dein Verständnis von Heiligkeit ausgewirkt. Kannst du das beschreiben?

„Das Jahr im Reservat war vorbei und ich kehrte nach Laguna zurück. Meine Eltern sind Akademiker und wollten eine gute Ausbildung für mich. Eine christliche Schule kam für sie grundsätzlich nicht infrage. Aber die Vanguard-Universität der Assemblies of God, einer Pfingstgemeinde, hat einen guten Ruf und liegt in Südkalifornien. Man kann von dort aus in Stanford weiterstudieren, einer der besten Universitäten der Welt. So finanzierten meine Eltern mir dort doch das Studium.

Ich dachte, ich wäre an einer christlichen Universität gelandet, aber die Frauen waren geschminkt, hatten Hosen an und trugen Schmuck. Nach meiner damaligen Kenntnis konnten sie keine Christen sein. Unter den Studenten waren erstaunlich viele Religionen vertreten. Unter anderem lernte ich eine Hare-Krishna-Anhängerin kennen. Natürlich wusste ich, dass sie keine Christin war, aber ich versuchte es trotzdem: ‚Kennst du Christen, die in anderen Sprachen beten?' Ihre Antwort kam prompt: ‚Ja, im Zimmer neben mir wohnt einer.'

Es stellte sich heraus, dass dieser Christ Pastor einer kleinen freien, charismatischen Gemeinde war. Ich stellte ihm eine Menge Fragen: ‚Lassen sich die Frauen bei euch die Haare kurz schneiden?' – ‚Tragen sie Hosen?' Das musste für ihn seltsam geklungen haben, doch Gott half ihm, mir gut zu antworten.

Dann begegnete ich Babe Evans, einer Studentin mit stark geschminkten Augen und riesigen Ohrringen. Sie sah mich freundlich an und fragte interessiert: ‚Wann hast du Geburtstag?'

‚Am 29. August.'

‚Nein, ich meine deinen zweiten Geburtstag, als du Christ wurdest.'

‚13. März.'

‚Herzlichen Glückwunsch! Genau das hat Jesus mir gesagt, du hast heute Geburtstag!'

Ich war sprachlos. Es war der 13.3.1977, genau ein Jahr war vergangen, seit Jesus mir im Indianer-Gottesdienst meine Schuld vergeben hatte. Und dieser Studentin hatte Gott das gesagt!"

Hat Gott dir dadurch etwas gezeigt?

„Ja, ich fing an zu erkennen, was Gesetzlichkeit ist.[6] Allmählich verstand ich, dass die äußere Erscheinung für Gott nicht so entscheidend ist, er achtet vor allem auf die innere Einstellung.

Ich machte an der Vanguard-Universität den Bachelor- und den Masterabschluss, genau wie mein Mann. Auch mein Sohn hat später dort studiert. Wir nennen sie liebevoll unsere ‚Familien-Universität'!"

Verliebt

Als Studentin verliebte Heidi sich in einen attraktiven jungen Mann. Aber sechs Wochen vor der geplanten Hochzeit wurde sie von einer inneren Unruhe gepackt, die sie nicht mehr losließ. Ihr Verlobter hatte nicht die gleiche Leidenschaft für die Mission wie sie. Also löste sie die Beziehung, was ihr nicht leichtfiel. Aber nichts sollte sie davon abhalten, für Jesus zu leben und seinen Willen zu tun.

Während ihrer Studienzeit nahm sie regelmäßig an missionarischen Kurzzeiteinsätzen teil, oft in Mexiko. Als sie dort eines Tages zum Beten in eine Kirche ging, sprach Gott zu ihr. Er wies sie an, ihr Studium ein Jahr früher abzuschließen, um dann nach Indonesien zu gehen. Dort sollte sie dem bekannten Evangelisten Mel Tari helfen. Von ihm kannte sie das Buch ‚Wie ein Sturmwind. Aufbruch in Indonesien'. Darin schildert er Gottes übernatürliches Wirken auf der indonesischen Insel Timor, wo viele Zeichen und Wunder geschahen.

„Du wirst Rolland Baker heiraten!"

Während sie weiter dort in der Kirche in Mexiko betete, hörte sie auch von Gott, dass sie einen gewissen *Rolland Baker* heiraten würde. Amüsiert stellte sie fest, dass Gott ihr den Nachnamen gesagt hatte – Gott hatte sichergestellt, dass sie nicht den falschen Rolland nahm. Sie kannte damals nur einen Rolland, hatte aber nicht viel Kontakt mit ihm. Nur einmal saßen sie nebeneinander in einem Bus, auf dem Weg zu einem Skiausflug der Gemeinde.

„Wir hatten uns damals zwar unterhalten, aber ich habe mir nichts dabei gedacht. Immerhin war er zwölf Jahre älter als ich", erinnert sie sich.

Dann war der Einsatz in Mexiko zu Ende und das Team flog zurück. Doch Heidi konnte nicht mit an Bord, der Zettel mit ihrem Visumstempel lag noch in der

---

6 Gesetzlichkeit bedeutet hier eine Überbetonung von Regeln und Gesetzen, während Gottes Barmherzigkeit und Gnade relativ wenig Beachtung finden. Menschliche Vorschriften sind wichtiger als die Führung durch den Heiligen Geist, der zeigt, was im einzelnen Fall angemessen ist.

Unterkunft. Dort waren unterdessen aber auch Briefe von Rolland angekommen. Sie waren so schön, dass Heidi sich freute ihn bald zu sehen.

Zurück in Kalifornien verabredeten die beiden sich in einem China-Restaurant. An diesem Abend erwähnte Heidi ihre einstige Englischlehrerin, die damals schon ihr Interesse an der Mission geweckt hatte, als Heidi Jesus noch gar nicht kannte.

„Wie hieß sie denn?", fragte er.

„Majorie Baker."

„Das war meine Mutter", freute er sich. Rolland war in China geboren, wo seine Eltern Missionare waren. Während eines Heimataufenthaltes hatte seine Mutter in Kalifornien Englisch unterrichtet und die Gelegenheit genutzt, um mit den Schülern zu teilen, was ihr am Herzen lag: die Mission.

Keine Hochzeitsgeschenke, bitte!

Heidi hatte von Gott gehört, dass sie ihr Studium ein Jahr früher abschließen sollte. Also belegte sie die doppelte Zahl an Kursen und arbeitete so viel, dass sie Rolland immer nur mittwochs von 15 bis 17 Uhr sah. Eines Tages, als sie wieder betete, hörte sie von Gott, dass Rolland heute um ihre Hand anhalten würde. Doch die Stunden verstrichen und nichts geschah. Es wurde 22 Uhr, da endlich tauchte er auf. Tatsächlich fragte er sie an diesem Abend, ob sie seine Frau werden würde. Heidi zögerte nicht.

Als Missionarsfamilie waren Rollands Eltern arm, während Heidi aus wohlhabenden Verhältnissen kam. Heidis Mutter plante die komplette Hochzeit, sodass das junge Paar sich um nichts kümmern musste, außer rechtzeitig da zu sein.

Das Stereoanlagen-Opfer

Etwas anderes, das Heidi in Mexiko von Gott gehört hatte, erfüllte sich auch. Mel Tari, der Mann, durch den Gott in Indonesien so große Wunder tat, war Rollands Freund. Er war Trauzeuge bei ihrer Hochzeit und lud sie anschließend zu einer Evangelisation nach Indonesien ein, wo sie auf seinen Veranstaltungen predigen sollten.

Zur Enttäuschung mancher Gäste wünschten sie sich weder Silber noch Porzellan. Sie wollten nur Geld für zwei One-Way-Tickets nach Indonesien, sonst nichts. Schon zwei Wochen nach der Hochzeit wollten sie dorthin reisen.

Doch auch nach der Hochzeit hatten die beiden noch nicht genug Geld für die Flugtickets. Eines Tages trafen sie sich mit Nachbarn von Heidis Eltern, einem sehr reichen Ehepaar. Es stellte sich heraus, dass sie Interesse an Rollands Stereoanlage hatten und ihm diese vielleicht abkaufen würden. Rolland freute sich schon, schien es doch die Lösung für ihr Geldproblem zu sein. Da hörte Heidi von Gott, dass Rolland den reichen Freunden die Anlage schenken sollte. Sie kritzelte den Eindruck auf ein Stück Papier und schob es Rolland zu. Das war nicht leicht für ihn, dachte er doch,

Heidi und Rolland mit einem Teil ihrer mosambikanischen Familie.

das Angebot wäre Gottes Antwort auf sein Gebet um Geld. Aber wenn Heidi den Eindruck hatte … Rolland ließ sich darauf ein und verschenkte seine wertvolle Anlage an das reiche Ehepaar.

Heidi und Rolland gingen glücklich nach Hause, erfüllt von der Freude, Gott gehorcht zu haben. Doch die Zeit verstrich und sie hatten immer noch nicht genug Geld für die Tickets. Da meldete sich Mel Tari. Für die Evangelisation war ein Fotograf eingeplant gewesen, der ausgefallen war. Er sollte fünfhundert Dollar verdienen. Ob Rolland diesen Job übernehmen würde? Für diesen Preis? Rolland liebte Fotografie und das Geld war genau der Betrag, der für die Flugtickets noch nötig war. Dreißig Dollar waren noch übrig, das war ihr gesamtes Taschengeld.

Immer genug

Das war im Jahr 1980. Das Erstaunliche ist, dass die Bakers seit damals immer alles hatten, was nötig war.

„Wir haben nie überlegt, wie wir Spenden sammeln könnten", erzählt Heidi. Bis heute funktioniert ihre Arbeit so. Es gibt keine Briefe, in denen um Geld gebeten wird, es wird nichts getan, um finanzielle Unterstützung zu erhalten.

Aber sie haben immer genug. Sie leben nicht auf westlichem Niveau, sie hatten auch nicht immer ein Auto oder viel Besitz. Manchmal hatten sie nicht einmal genug Geld, um sich eine Cola zu kaufen. *Aber genug hatten sie immer.* Kein Wunder, dass das erste Buch, welches das Ehepaar später schrieb, den Titel trug: ‚There ist always enough' (Es gibt immer genug).

Dieser Satz wurde zu einem Kennzeichen ihres Dienstes. Sie hatten immer genug – und wenn sie in späteren Jahren für ihre vielen Waisenkinder nichts mehr zu essen hatten, dann war es an Gott, ein Wunder zu tun.

Sieben Jahre in Asien

Während ihrer ersten sieben Ehejahre reisten die Bakers durch Asien. Sie nutzten ihre Fähigkeiten als Tänzer und Schauspieler und vermittelten Tausenden von Menschen auf diese Weise die Botschaft von Jesus. Ihre leiblichen Kinder Elisha und Crystalyn kamen in diesen Jahren zur Welt. Das junge Paar war voller Begeisterung und gab alles für Gott.

Das Schicksal der armen muslimischen Frauen in Indonesien, die in Verschlägen aus Pappkartons hausten, berührte Heidis Herz. Sie gab ihnen kein Geld, sondern sie lebte wie sie, trug deren einfache Kleidung und verbrachte viel Zeit bei ihnen im Slum. Sie trank ihr Wasser, aß ihr Essen und lernte ihre Sprache. Fast alle Frauen, mit denen Heidi

Heidi während des Gottesdienstes in einem Dorf mit einem „Schatz" auf dem Schoß. Neben ihr sitzt Antoinette, eine australische Mitarbeiterin.

Zeit verbrachte, wurden von Jesus geheilt und kamen zum Glauben an ihn. Dann zogen die Bakers weiter, die Insel Bali war ihr nächstes Ziel.

Es war ein dunkler, dämonischer Ort, doch auch hier erlebten sie ein Jahr der Gnade und des Segens von Gott, bis die Behörden sie plötzlich des Landes verwiesen. Nur 48 Stunden gab man ihnen Zeit, um zu gehen.

Kapitel 4

Rollands Geschichte

Wer ist dieser Mann, den Gott berufen hat, der engste Verbündete von Heidi zu sein?

Seine Geschichte begann in China, wo er 1947 als ältestes von fünf Kindern geboren wurde. Seine Eltern waren Amerikaner und lebten als Missionare dort. Ihre Stadt hieß Kunming, sie liegt im Südwesten, nicht weit von Burma und Vietnam.

Kunming war eine Stadt ohne Recht und Gesetz. Die Straßen waren steinig, man bewegte sich auf Pferden fort und Räuberbanden trieben überall ihr Unwesen. Es gab keine soziale Gerechtigkeit, keine Hilfe für die Bettler am Straßenrand, keine Linderung für die Menschen in Not.

Hast du als Kind Chinesisch gelernt?

„Ja, bevor ich Englisch sprach, konnte ich schon drei verschiedene chinesische Sprachen. Wir zogen oft um, deshalb sprach ich nicht nur den Dialekt von Kunming, sondern in Taiwan lernte ich auch Mandarin, in Hongkong Kantonesisch.

Meine Großeltern waren auch Missionare und hatten spannende Geschichten erlebt. Mein Opa H. A. Baker schrieb ein Buch über die Dinge, die er mit Gott in China erlebte. Von klein auf hörte ich, wie mein Opa von Engeln und Dämonen, von Visionen über Himmel und Hölle und von übernatürlichen Erfahrungen sprach."

Haben dir diese Geschichten als Kind nicht Angst gemacht?

„Nein, gar nicht, ich liebte die Geschichten. Mein Glaube an Jesus war groß, von Anfang an. Ich kann mich nicht erinnern, dass ich jemals nicht an ihn geglaubt hätte. Alles, was ich hörte, erlebte und glaubte, passte zusammen und ergänzte sich."

War dein Opa ein Vorbild für dich?

„Ja, ich habe ihn sehr verehrt. Er hat mir erklärt, was es heißt, ein Christ zu sein. Mein Vater war Bibelschullehrer. Seine Stärke war eher das Unterrichten und er gründete Bibelschulen. Aber was mein Opa mir erzählte, gab mir Einblick in die spannende unsichtbare Welt."

Hat dein Vater auch an das Übernatürliche geglaubt?

„Natürlich. Er war von einer amerikanischen Pfingstgemeinde, der Assemblies of God, als Missionar ausgesandt. Meine Eltern waren wunderbare Missionare. Aber sie lebten nicht mit Opas Radikalität. Er war ein Einzelgänger, sein Glaube, seine

Leidensbereitschaft, seine Berufung, bis ans Ende der Welt zu gehen, seinen Willen, alles dafür aufzugeben und ganz auf Gott zu vertrauen – das alles sah ich bei meinen Eltern nicht.

Mein Vater war viel konservativer. Er erlebte wenig Übernatürliches.

Aber seine Stärke war es, die biblische Lehre weiterzugeben. Mein Opa war eher ein Pionier, der ganz alleine in Gegenden ging, wo noch nie vorher ein Christ oder ein Weißer gewesen war. Jahrelang zog er über die Berge und durch die Täler, von Dorf zu Dorf.

Allerdings verstand mein Opa die Dreieinigkeit etwas anders als die meisten Christen, für ihn war Gott nur eine einzige Person, aber interessanterweise schien das Gott nicht zu stören, er segnete seinen Dienst auf mächtige Weise."

War es dein Traum, Missionar zu werden?

„Ich dachte lange Zeit, ich wäre nicht geistlich genug. Ich konnte mir nicht vorstellen, so radikal wie mein Opa zu sein. Also beschloss ich, Wissenschaftler zu werden. Ich gab mir alle Mühe und bekam ein Stipendium für das California Institute of Technology. Das ist eine private Eliteuniversität in Pasadena, eine der renommiertesten technischen Universitäten der Welt. Aber kurz bevor ich dort anfing, redete der Heilige Geist eines Nachts zu mir. Gegen Morgen stand mein Entschluss fest: Es ist wichtiger, den Schöpfer zu erforschen als seine Schöpfung. So änderte ich meine Richtung und wechselte zur Theologie."

Hast du in jener Nacht, in der du deine Weichen anders gestellt hast, etwas Übernatürliches erlebt?

„Mir wurde sehr deutlich, wie sehr ich auf Gott angewiesen war. Ich stellte mir mein Leben zwanzig Jahre später vor. Wollte ich dann mit weißem Kittel in einem Labor arbeiten oder wollte ich Gott besser kennen und in ihm geborgen und sicher sein? Der Unterschied war so klar. Trotzdem war es ein großer Kampf, weil sich dadurch alles veränderte. Ich hatte zehn Jahre lang für das Ziel gearbeitet, an diese Universität zu gehen.

Stattdessen ging ich dann auf die christliche Vanguard-Universität, um Bibelwissenschaften und Griechisch zu studieren."

War das Stipendium damit verloren?

„Ja, das habe ich aufgegeben, ein Stipendium für vier Jahre an einer technischen Elite-Universität. Mein ganzer Lebensweg hat sich dadurch verändert. Aber ich habe den Schritt nie bereut."

Wie haben deine Eltern reagiert?

„Sie dachten, ich mache Spaß. Alle, die mich kannten, waren fassungslos, zumal ich mich davor wirklich nicht für einen geistlichen Beruf interessiert hatte. Von einem Tag

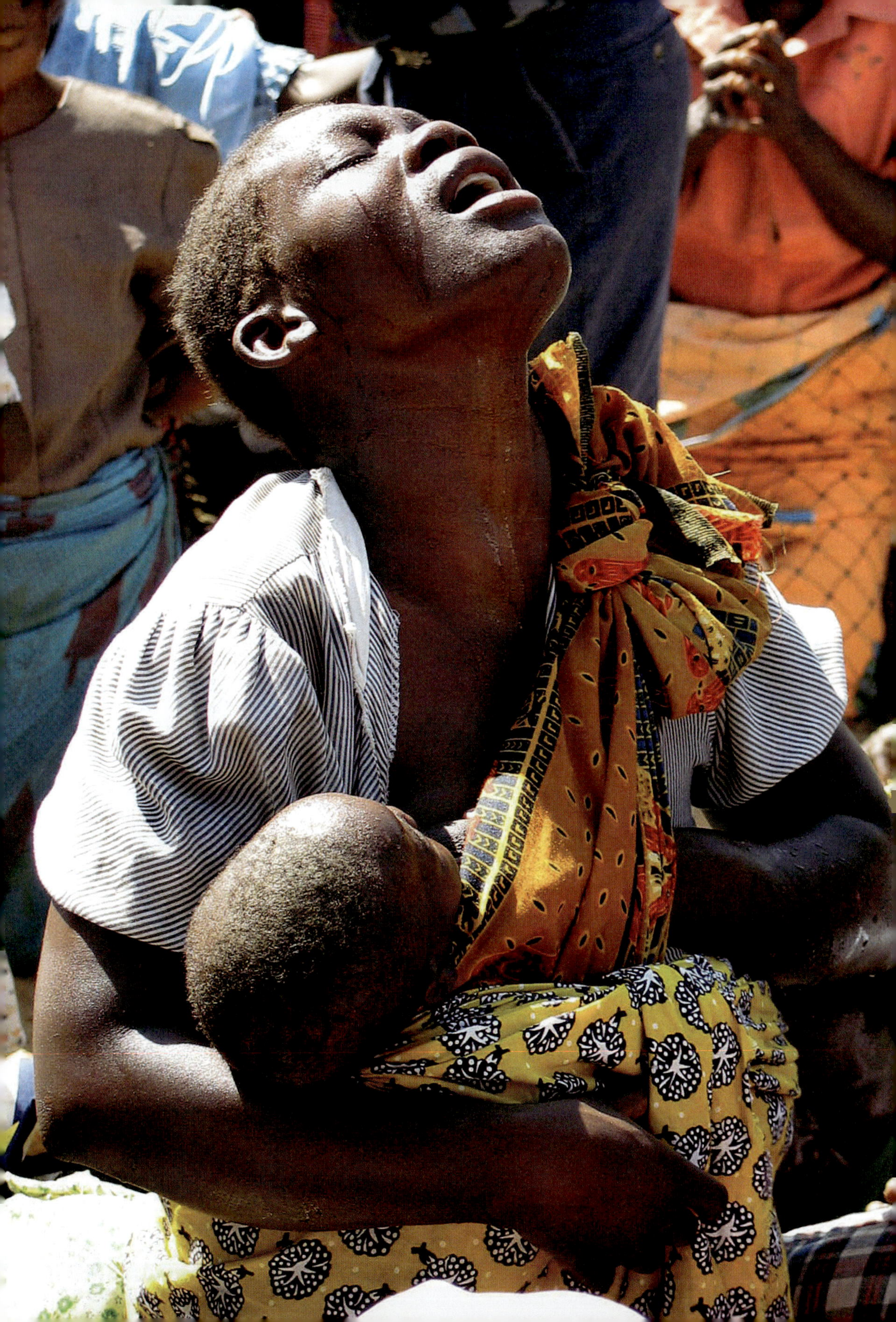

zum anderen redete ich nun darüber, dass ich Gott und die Bibel kennenlernen wollte und dass ich ihm dienen wollte. Es war ein sehr radikaler Umschwung."

Bist du bewusst in die Fußstapfen deines Großvaters getreten?

„Ja, zum Teil schon. Irgendwann beschlossen meine Frau und ich, dass wir das haben wollten, was mein Opa hatte. Deshalb gingen wir nach Mosambik. Hier war die Armut besonders groß, hier herrschte Krieg und die Menschen waren verzweifelt. Das Land befand sich in einem entsetzlichen Zustand, das Leid war groß. Es gab schrecklich viele Waisen und viele Opfer von Landminen."

Deshalb habt ihr Mosambik gewählt?

„Ja, genau hier wollten wir sehen, wie Gottes Wort sich erfüllt. Das habe ich von meinem Opa gelernt. Wenn man Erweckung sehen will, muss man dorthin gehen, wo es besonders finster ist. Menschen in Not sind offen für Gott.

Paulus hat das so ausgedrückt: ‚Gott nahm sich der Schwachen dieser Welt an, um die Starken zu demütigen. Wer von Menschen geringschätzig behandelt, ja verachtet wird, wer bei ihnen nichts zählt, den will Gott für sich haben' (1. Korinther 1,27-28; Hfa).

Wir sehnten uns danach, die Fortsetzung dessen zu erleben, was Opa in seinem Buch beschrieben hat. Gott hat uns ein großes Verlangen danach geschenkt, sein Wirken zu sehen.

Solange man in Sicherheit und Wohlstand lebt, predigt es sich leicht. Man ist ja nicht angewiesen auf Wunder und Übernatürliches. Aber dort, wo das Leben hart ist, da zeigt sich, was Wahrheit ist. Die Menschen suchen nach etwas, was ihnen spürbar hilft und ihnen Kraft zum Leben gibt."

Wie hast du Heidi kennengelernt?

„Ich war bei den Jesus Freaks in Südkalifornien. Wir gingen zur Calvary Chapel, die Gemeinde war riesig und wir trafen uns jeden Abend zum Gottesdienst. Das Wirken des Heiligen Geistes war spannender als alles, was sonst abends geboten war. Obwohl der Saal groß war, warteten wir Abend für Abend vor der Tür, bis wir reingelassen wurden."

Lauter Jesus Freaks?

„Ja… Hippies mit langen Haaren, barfuß und Gitarre in der Hand. Wir waren die Leute, die man in den vielen Gemeinden nicht haben wollte. Das war Anfang der Siebzigerjahre."

Hattest du auch lange Haare?

„Ja, natürlich, alle hatten das.

Aber irgendwann war mir das nicht mehr genug, ich wollte mehr vom Heiligen Geist, mehr Nähe zu Gott, auch die üblichen Bibelstunden reichten mir nicht mehr. Wir waren in der Gemeinde eine Gruppe von fünfzehnhundert Studenten, aber vieles drehte sich darum, eine Freundin zu finden und auf christliche Rockkonzerte zu gehen. Das ödete mich irgendwann an. Ich wollte Jesus, mehr von ihm. So schloss ich mich einer kleinen Gemeinde an, die knapp fünfzig Kilometer entfernt war und Dana Point Community Chapel hieß. Ich hatte gehört, dass der Heilige Geist dort mächtige Dinge tat und viele Wunder geschahen. Dort traf ich Heidi. Sie wohnte nur einen Ort weiter, in Laguna Beach. Ich staunte über die Geschichte, wie Gott ihr begegnet war. Ich stamme aus einer armen Missionarsfamilie und wuchs in China auf. Sie kommt aus einer reichen Familie, alle Nachbarn ihrer Eltern sind Millionäre und sie haben am Ozean ihren eigenen Strand.

Ihr Vater hatte an der Stanford-Universität studiert und war Manager in einem sehr großen Betrieb."

War das eine Gemeinde für Reiche?

„Nein, es war eine ganz normale Gemeinde. In der Gegend lebten zwar sehr viele reiche Leute, aber die jungen Leute in der Gemeinde waren auch einfach nur Hippies, denen war das egal."

Dann habt ihr euch kennengelernt?

„Ja, aber sie war mit einem anderen verlobt. Allerdings hatte der keine Berufung in die Mission. Auch während sie mit ihm zusammen war, leitete sie ständig Missionseinsätze und sprach in der Gemeinde von dem, was sie mit Jesus erlebte. Als ich sie sprechen hörte, wurde mir klar, dass sie genau wie mein Opa war. Sie hatte diesen Glauben, den ich sonst noch nie bei jemandem gesehen hatte. Ich wünschte mir ein Mädchen, dem Jesus persönlich begegnet war, nicht nur eine, die von christlichen Musikern und christlicher Kultur begeistert war."

Sie hat dich also beeindruckt?

„Sehr sogar. Was sie sagte, beeindruckte mich tief. Aber wir lernten uns nicht kennen, sie war ja verlobt. Bis sie dann erkannte, dass ihr Verlobter nicht die gleiche Berufung hatte wie sie. Gott gab ihr die Kraft, die Beziehung zu lösen.

Unser Pastor war ein Skifahrer. Er nahm Heidi, mich und viele andere aus der Gemeinde zu einem Skiausflug mit. Ich saß neben Heidi im Gemeindebus. Auf der Fahrt sprach ich mit ihr über das, was sie vor der Gemeinde erzählt hatte. Die Fahrt dauerte mehrere Stunden und ich erkannte immer deutlicher, wie besonders sie war. Sie hatte eine große Berufung und hatte Gott auf ganz besondere Weise erlebt. Es war fantastisch, mit ihr über Gott zu reden.

Danach traf ich sie manchmal an der Universität. Wir gingen zusammen zum Strand. Aber wir gingen nie ins Kino oder in ein Lokal. Wenn wir uns trafen, dann beteten wir zusammen und redeten über Gott. Wir leiteten auch zusammen Missionseinsätze. Eines

Tages war sie dann in Mexiko auf einem Einsatz, als Gott ihr begegnete und ihr direkt sagte, dass sie mich heiraten würde. Später sagte Gott ihr sogar, an welchem Tag ich sie bitten würde, meine Frau zu werden."

Er sagte ihr den Tag?

„Ja. Ich kam allerdings erst um 22 Uhr auf das Unigelände, um sie zu fragen. Sie sagte, sie hätte schon den ganzen Tag auf mich gewartet, sie hätte es schon gewusst, dass ich sie heute fragen würde. Für mich war das fast schon unheimlich. Gott hatte ihr den Tag gesagt!"

Viele Leute wünschen sich, so von Gott geführt zu werden. Hattest du auch übernatürliche Zeichen von Gott, dass sie deine Frau werden würde?

„Nein, ich wusste es einfach nur. Ich war mir sehr, sehr sicher. Nie zuvor war mir eine Person begegnet, mit der ich geistlich so übereinstimmte wie mit ihr. Sie war total anders als alle anderen Freundinnen, die ich vor ihr schon hatte, und ich hatte schon eine ganze Menge Freundinnen, viele Beziehungen. Aber das funktionierte nie, weil wir in den geistlichen Dingen nicht harmonierten. Sie war die erste Person, deren Leben mit Gott und deren Glauben ich respektieren konnte.

Also beschlossen wir zu heiraten, doch wir hatten kein Geld. Wir baten die Leute, uns keine Haushaltssachen zu schenken, wir wollten nur Geld für die Flugtickets. Am Schluss hatten wir gerade genug für zwei One-Way-Tickets nach Indonesien."

Also hattet ihr die gleiche Vorstellung, was eure Zukunft in der Mission betraf?

„Ja. In der Zeit entschied ich mich, Gott ganz zu vertrauen und so zu leben wie mein Großvater. Davor hatte ich mir das nicht zugetraut und es gab auch niemanden, der diesen Weg mit mir hätte gehen können. Aber seit ich Heidi kannte, wusste ich, dass ich mit ihr zusammen so leben konnte."

Heidi war geprägt von der Pentecostal-Holiness-Bewegung. Du auch?

„Heidis Leben als Christ begann in dieser Gemeinde. Aber das war ja nur der Anfang …

Die meisten Gemeinden, die wir kannten, gehörten keiner Bewegung an. Es waren alles unabhängige, freie Gemeinden. Wir besuchten auch die ersten Vineyard-Gemeinden, die damals entstanden. Wir mochten John Wimber sehr und besuchten seine Gemeinde in Anaheim. Ich las sämtliche Bücher über vollmächtige Evangelisation von ihm."

Warst du auf der Suche nach Vollmacht, um Missionar werden zu können?

„Nein, so kann man das nicht sagen. Aber die Erweckung in Indonesien faszinierte uns. Mel Tari war unser Trauzeuge. Er wurde weltweit als Sprecher eingeladen. Zu

Beginn der Siebzigerjahre war er vielleicht der bekannteste Sprecher der Charismatiker überhaupt. Wir wollten sehen, was Gott auf Timor tat. Aber wir kamen nicht so weit. Als wir auf Bali waren, stellten wir fest, dass die Menschen auf dieser Insel in großer geistlicher Not lebten. Auf Bali gab es nur zwei Missionare für drei Millionen Menschen. Also blieben wir dort.

Der Hinduismus ist dort stark verbreitet und es herrscht viel Finsternis. Dort wurden wir zum ersten Mal handfest von Dämonen angegriffen."

Was war da los?

„Eines Tages kam Heidi in einen Raum, der voller Dämonen war. Alle stürzten sich auf sie. Heidi konnte sie sehen, sie sahen aus wie die Masken der Tänzer auf Bali. Diese Masken sind offensichtlich nicht nur ausgedacht, die Leute sehen die Dämonen wirklich und stellen entsprechende Masken her. Ich hatte einen Spaziergang gemacht. Als ich zurückkam, mussten wir noch etwa eine halbe Stunde beten, bis alle vertrieben waren."

Was machte Heidi in dieser Situation?

„Sie schrie laut – in Sprachen, bis ich wiederkam. Das ist bei ihr wie ein Reflex. Wenn sie in Schwierigkeiten ist, dann betet sie in Sprachen. Damals haben wir gesehen, wie Menschen von Dämonen gequält wurden. Es war wirklich ein schrecklicher Ort."

Weihnachtsfoto mit einem Teil der Iris-Mission-Familie in Pemba.

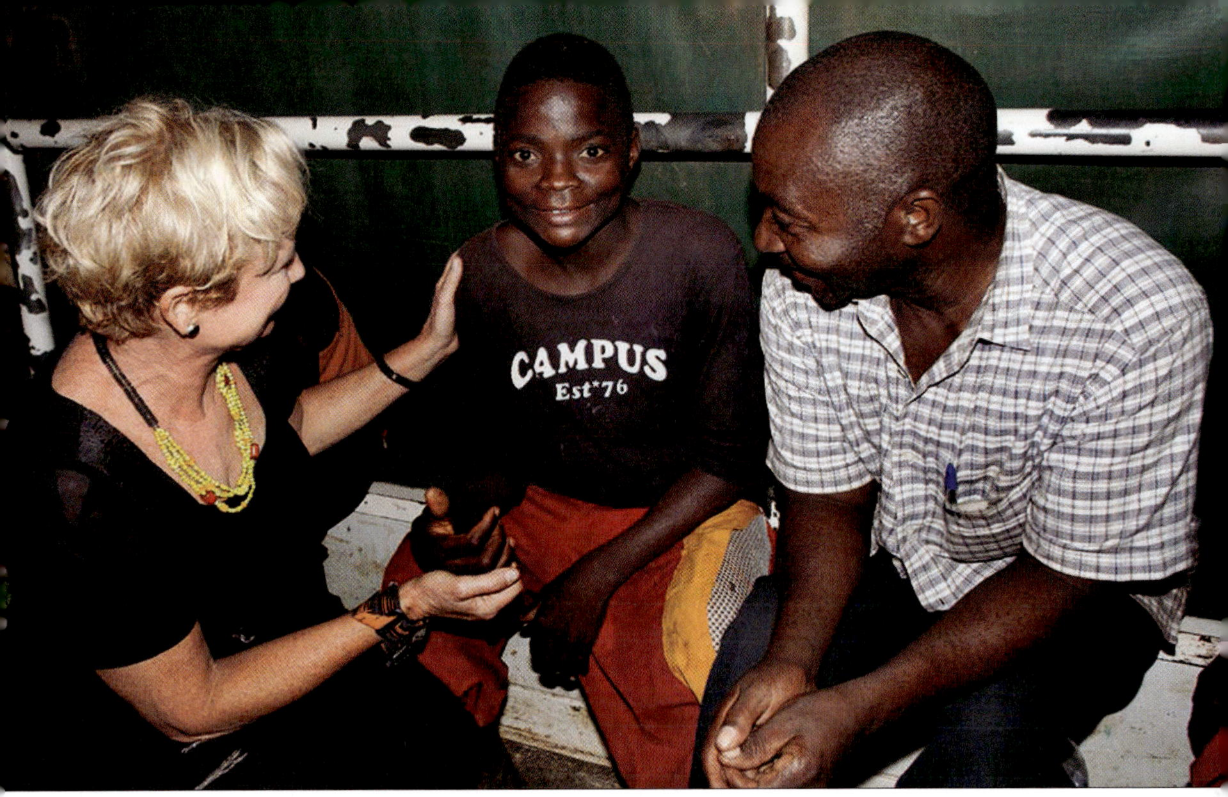

Heilungen: Antonio ist zwölf Jahre alt. Das ganze Dorf weiß, dass er schon von klein auf weder hören noch sprechen konnte. Jetzt ist er geheilt und freut sich sehr.

In den ersten sieben Jahren hattet ihr nur sehr wenig finanzielle Mittel. Warum hast du nicht versucht, Christen zu finden, die euch hätten helfen können?

„Nein, damit wollten wir gar nicht erst anfangen. Das stört die Beziehung zu Gott und zu den Menschen. Außerdem – was willst du denn dann den Armen predigen? Die haben ja auch nicht die Möglichkeit, Leute um Spenden zu bitten."

Ihr wolltet lieber, dass Gott euch hilft, als von Menschen Hilfe zu bekommen?

„Wer etwas braucht, wendet sich in der Regel an seine Freunde, an Verwandte oder die Gemeinde. Aber warum gehen wir eigentlich nicht zuerst zu Gott? Wer seine Hilfe von Gott erwartet, kann viel freier predigen, er hat ja keine Erwartungen an die Menschen. Wenn man Spenden braucht, dann ist man versucht, das zu predigen, was die Leute dazu bringt, mehr Geld zu geben."

Habt ihr nie in Erwägung gezogen, um Spenden zu bitten?

„Nein, da waren wir von Anfang an festgelegt. Lieber wären wir keine Missionare mehr gewesen, als um Geld bitten zu müssen. Immer wieder haben Leute versucht, uns beizubringen, wie man Rundbriefe und Spendenaufrufe schreibt und umfangreichere Adressenlisten bekommt. Manche wollten sich diese Hilfe sogar von uns bezahlen

Diese Frau im grünen Kleid war nahezu vollständig erblindet, jetzt kann sie wieder scharf sehen. Als Heidi im Namen Jesu für sie betete, geschah das Wunder.

lassen! Aber hat Jesus nicht gesagt, dass der Vater im Himmel *weiß*, was wir brauchen? Wir müssen nur sein Reich an die erste Stelle in unserem Leben setzen. Ich hätte keine Lust, Missionar zu sein, wenn ich ganze Teile der Bibel nicht predigen könnte, weil ich selbst nicht danach leben kann."

Aber von irgendetwas musstet ihr doch leben! Wie konntet ihr euch bloß einen Hinflug ohne Rückflug kaufen?

„Wir wurden vollkommen übernatürlich versorgt. Verhungert sind wir nicht. Es passierten ständig Wunder."

Aber es war auch ein anstrengendes Leben und ihr wart auch immer wieder krank. Habt ihr euch zu viel zugemutet?

„Nein, das sehe ich nicht so. Heute heißt es in der Seelsorge immer, man soll nicht zu radikal sein, sondern auch viel Zeit mit der Familie verbringen, das Leben genießen und all das. Aber keine Erweckung hat so angefangen. Diese gewaltige Erweckung, die mein Opa in den chinesischen Bergen erlebte – die entstand nicht, während er gemütlich zu Hause saß. Es ist äußerlich nie leicht, so zu leben, nur innerlich, im Herzen ist es leicht. Von außen sieht es für andere oft schwierig aus."

Leicht im Herzen, was meinst du damit?

„Wenn du Gott dienst und Dinge aus Liebe zu ihm tust, kann dir das manchmal viel abverlangen und einen hohen Preis kosten. Aber du bist dabei voller Freude."

Die Alternative wäre dann, ein bequemes Leben zu haben, aber nicht so glücklich zu sein?

„Ja, genau. Schwer war unser Leben immer, die Herausforderungen wuchsen ständig. Damals war es nicht leicht, uns beide zu ernähren. Jetzt müssen wir zweitausend Menschen sattkriegen."

Wuchsen die Aufgaben in dem Maße, wie euer Glaube wuchs?

„Wir mussten immer glauben, zuerst nur für uns beide, dann noch zusätzlich für unsere beiden Kinder. Später waren wir mit einem Team von fünfzehn Personen in ganz Asien unterwegs, sechs Monate lang. Oft genug hatten wir keine Ahnung, was wir essen sollten, wo wir übernachten würden und wo wir welchen Einsatz machen konnten.

„Glücklich sind, die erkennen, wie arm sie vor Gott sind, denn ihnen gehört die neue Welt Gottes" (Matthäus 5,3; Hfa).

Das war spannend und wir brauchten sehr viel Glauben. Manchmal war es mir auch zu viel. Da hätte ich gerne mal eine Pause gemacht und etwas getan, für das man gar keinen Glauben braucht.“

Kapitel 5

An einem Ort bleiben

Als die Bakers innerhalb von achtundvierzig Stunden das Land verlassen mussten, gingen sie von Bali auf die Philippinen.

Während ihr durch Asien gereist seid, habt ihr vor allem Einsätze mit Tanz und Theater gemacht?

„Ja. Wir machten Straßentheater in Indonesien, auf den Philippinen und in Hongkong. Ausländische Teams brachten Kostüme mit und unterstützten uns dabei. Heidi hatte schon als Kind Ballett- und Schauspielunterricht.

Ich machte Fotos und hatte auch Freude am Theaterspielen. Wir gingen auf öffentliche Plätze und Märkte, nach den Vorführungen predigten wir."

Aber dann hat sich etwas verändert, während ihr auf den Philippinen wart?

„Ja, das war 1983-1984, als wir auf der Insel Negros waren. Ferdinand Marcos herrschte als Diktator im Land, er schuf ein Zuckermonopol mit verheerenden Folgen für die Landbevölkerung. Die Produktion sackte ab, die Plantagen lagen brach und Hunderttausende wurden arbeitslos. Die Straßen waren voller Bettler, überall weinten die Kinder. Verlassene Babys lagen am Straßenrand, die Not war unbeschreiblich. Im Gottesdienst husteten die Kinder Blut und viele starben an Tuberkulose. Hier konnten wir unmöglich Theater spielen, predigen und dann wieder gehen. Zu dem Auftrag, den Jesus seinen Leuten gegeben hat, gehörte mehr. Es war Zeit, vor Ort zu bleiben. Damals prägten wir den Satz: ‚Wir müssen uns Zeit nehmen für den Einzelnen.' Wir wollten uns für jeden Einzelnen, mit dem wir in Kontakt kamen, so lange Zeit nehmen, bis wir ihm irgendwie hatten helfen können, nicht nur geistlich, sondern auch praktisch. Wie sollte man sonst unserer Botschaft von der Liebe glauben? Wir können doch nicht von Gottes Liebe und vom Himmel reden, während die Menschen hungrig, durstig und krank sind.

Schließlich gingen wir nach Hongkong zurück, wo meine Eltern lebten. Aufgrund der Kulturrevolution unter Mao waren sie damals von China nach Taiwan geflohen, später dann nach Hongkong weitergezogen. Dort blieben wir dann auch."

Ihr seid geblieben?

„Ja, wir zogen nicht mehr von Ort zu Ort, sondern fingen an, Gottesdienste zu halten, in einer sehr düsteren Gasse mitten in Hongkong. Dabei wandten wir uns vor allem den armen alten Frauen und den Obdachlosen zu. Damals lernten wir auch Jackie Pullinger kennen, eine Engländerin, die Gott unter den Drogenabhängigen gebrauchte. Jackie war eine sehr mutige Missionarin, die ganz alleine in der gefährlichsten Gegend der Stadt arbeitete.

Nun fingen wir wieder mit unserem Straßentheater an, aber jetzt hatten wir die Jungs im Team, die durch Jackies Dienst Jesus kennengelernt hatten und von Drogen frei geworden waren."

Die erste Bibelschule seit der Kulturrevolution

„Damals ging ich auch häufig nach China. Ich half meinem Vater, in Kunming eine Bibelschule aufzubauen. Es war in ganz China die erste von Ausländern gegründete Bibelschule nach der Kulturrevolution.

Nach Maos Tod öffnete China seine Grenzen. Schon 1980 bereisten wir zum ersten Mal das Land und besuchten die Stadt Kanton im Süden Chinas, unweit von Hongkong. Alles war düster und sehr arm. Es gab fast kein Hotel, in dem Ausländer schlafen oder essen durften. Mittlerweile ist das Land nicht wiederzuerkennen. Viele Chinesen wissen schon gar nicht mehr, was sie mit ihrem Geld anfangen sollen. Aber 1980 wurde man als Ausländer die ganze Zeit von der Polizei bewacht und durfte sich ohne Beobachtung nur im Hotel aufhalten. Wohin man auch ging, es kamen immer

Elefantenfamilientreffen am Fluss.

Polizisten mit. Das war eine sehr schwierige Zeit für uns, in der wir noch mehr als sonst beteten."

Wie konntet ihr unter diesen Umständen im kommunistischen China eine Bibelschule gründen?

„Die Bibelschule wurde offiziell von der staatlichen Drei-Selbst-Kirche anerkannt. Der Bibelschulleiter hatte wegen seines Glaubens zweiundzwanzig Jahre im Gefängnis verbracht. Aber er war wie Josef. Am Ende seiner Haftstrafe war er der Aufseher über das ganze Gefängnis und nach seiner Haftentlassung wurde er als Leiter aller Drei-Selbst-Kirchen in der ganzen Provinz eingesetzt. Wir hatten also viel Gunst bei den lokalen Beamten und bekamen ganz offiziell die Erlaubnis, diese Bibelschule zu gründen."

Kapitel 6

Countdown in Hongkong

Als die Bakers sich in Hongkong niederließen, fingen sie wieder ganz von vorne an. Wieder mussten sie eine neue Sprache lernen. Gott gab Heidi die Idee, sich in den Park zu setzen, wo viele alte buddhistische Frauen den Tag verbrachten. Sie wurden ihre Freundinnen und brachten ihr Kantonesisch bei. Im Gegenzeug betete Heidi für sie und sie wurden geheilt. Bald brachten sie ihre Buddhas und sonstigen Götzenfiguren mit und zerschmetterten sie an einer Mauer im Park. Es dauerte nicht lange, und eine Gemeinde aus alten Frauen entstand.

Vier Jahre lebten die Bakers in Hongkong, das damals noch eine britische Kolonie war, und reisten in der Zeit auch immer wieder in andere asiatische Länder.

Eines Tages, als Rolland zum Predigen unterwegs war, rief Heidi ihn an. Sie schlug vor, dass sie in einen Slum ziehen sollten, ganz nahe zu den Menschen, die sie erreichen wollten. Rolland verstand ihre Gründe und willigte ein. So wohnten sie bald darauf in einer Hütte, die sich auf dem flachen Dach eines neunstöckigen Gebäudes befand. Ihre beiden Kinder waren zu der Zeit noch klein. Um zu ihrer Unterkunft zu gelangen, mussten sie durch ein dunkles Treppenhaus gehen, in dem die Räucherstäbchen vor den Hausaltären brannten. Auf dem Weg zur Schule begegneten die Kinder den Prostituierten und kamen an Geschäften vorbei, in denen Götzen verkauft wurden. Doch die Familie fühlte sich sicher, hielt zusammen und war sich ihres Auftrags bewusst.

Heidi wird krank

Heidi gab immer alles, anders kannte sie es nicht. Doch plötzlich wurde sie ernsthaft krank. Zuletzt war sie nicht mehr in der Lage, die Treppen zu ihrer Hütte hochzusteigen.

„Mein ganzer Körper tat weh. Meine Augen wurden so schlecht, dass ich nicht mehr lesen konnte, monatelang hatte ich Fieber. Meine Lymphknoten waren geschwollen und mir war so schwindelig, dass ich oft umgefallen bin“, erinnert sie sich.

Eine schwere Immunerkrankung, myalgische Enzephalitis, wurde diagnostiziert. Sie konnte nicht mehr in Hongkong bleiben und wurde nach Alaska gebracht, zu ihrer geistlichen Mentorin und guten Freundin. Mehrere Monate wohnte sie bei Juanita Vinson in Fairbanks. Die meiste Zeit lag sie in einem abgedunkelten Raum und hörte Bibelkassetten. Dabei erlebte sie, wie Gott sie innerlich stärkte und ihr seine Liebe zeigte. Er liebte sie nicht nur, wenn sie in seinem Dienst fleißig war, sondern er liebte ihre Art, ihre Person, so wie sie war, ob sie stark war oder krank.

Von Hongkong nach Alaska

„Drei Monate lang war Heidi in Alaska, während ich in Hongkong blieb und weiter die Gemeinde betreute. Im Dezember war ich bei ihr. Es wurde auch tagsüber kaum noch hell. Unsere Kinder waren bei uns. Sie gingen jeden Tag im Dunkeln durch den tiefen Schnee zur Schule", erinnert sich Rolland.

„Heidi war sehr schwer krank. Die Ärzte sahen wenige Möglichkeiten, ihr zu helfen. Das Gehirn war betroffen, der Kreislauf und die Nerven. Sie hatte Schmerzen, war sehr schwach und es schien keine medizinische Hilfe zu geben. Lange Zeit ertrug sie kein Licht, es tat ihr in den Augen weh. Die Fenster ihres Zimmers waren immer verdunkelt. So lag sie da, konnte nichts machen und hatte Schmerzen. Aber gerade in der Zeit erlebte sie Gottes Nähe auf besondere Art."

Warum seid ihr ausgerechnet nach Alaska gegangen?

„Wir hatten Juanita Vinson in Honolulu auf Hawaii kennengelernt, Mel Tari hat uns mit ihr bekannt gemacht. Sie gehörte der Pfingstbewegung an und war für uns die erste Pastorin, die wir trafen. Ihr Glaube war sehr stark. Sie besuchte auch Mel Tari in Indonesien. Juanita lud uns damals immer wieder nach Alaska ein. Sie wurde Heidis geistliche Mutter und in ihrer Gemeinde in Alaska wurden wir als Pastoren ordiniert. So war es naheliegend, dass Heidi zu ihr wollte, als sie krank war."

Denkst du, die Krankheit war ein geistlicher Angriff?

„Ja natürlich, der Teufel ist immer darauf aus, Gottes Leute auszuschalten. Das war damals schon eine große Prüfung für uns. Viele Leute sagten: ‚Jetzt habt ihr genug getan, geht doch nach Hause und ruht euch aus.'

Unsere Eltern sagten das und eigentlich alle, mit denen wir sprachen. Sie dachten, wir hätten genug gegeben und sollten jetzt zu einem normalen Leben zurückkehren."

Sah Juanita Vinson das auch so?

„Nein, sie war anders. Sie ist sehr stark im Glauben, stärker als zehn Männer!"

Habt ihr gar nicht darüber nachgedacht, mit der Mission aufzuhören?

„Nein, für Heidi kam das überhaupt nicht infrage. Sie wurde geheilt. Von einem Tag zum anderen war sie völlig gesund."

Wie war das möglich?

„Ein Evangelist besuchte die Gemeinde. Heidi konnte zu dieser Zeit nicht einmal sitzen, sie wurde liegend zum Gottesdienst gebracht. Der Mann betete für sie und sie war augenblicklich geheilt. Am nächsten Morgen kaufte sie sich Laufschuhe und ging joggen. Wir waren alle sehr überrascht."

Kapitel 7

London

Im Herbst 1991 zogen die Bakers nach London.

Heidi, was hast du in London gemacht?

„Gott hatte mir gesagt, dass ich nach London gehen soll, als ich in diesem dunklen Zimmer in Alaska lag. Er sagte: ‚Geh nach England und schreibe eine Doktorarbeit.' Damit hatte ich nicht gerechnet, immerhin war ich ziemlich krank. Ich erwiderte: ‚Wirklich, Gott?'

Gott meinte es ernst. Er schickte mich ans King's College, das zur Universität London gehört und für Systematische Theologie eine der angesehensten Universitäten der Welt ist. Ich bewarb mich und wurde als erste Frau überhaupt für dieses Studium zugelassen. Tatsächlich bin ich die erste Frau, die in Systematischer Theologie am King's College ihre Doktorarbeit geschrieben hat."

Um was geht es in deiner Doktorarbeit?

„In meiner Arbeit habe ich erforscht, ob das Sprachengebet nur eine punktuell auftretende, zeichenhafte Gabe ist oder ob es im ständigen Gebrauch dazu dient, mit Gottes Wesen immer mehr in Übereinstimmung zu kommen.

Um in einer Sprache zu reden, die man selbst nicht versteht, braucht man eine kindliche Haltung. Erwachsene wollen wissen, was sie sagen. Aber wer in Sprachen redet, weiß das nicht. In der Bibel lesen wir, dass das Gebet in Sprachen sich direkt an Gott wendet.[7]

In meiner Dissertation habe ich alle Vorläufer der Pfingstbewegung untersucht, angefangen von den orthodoxen Kirchenvätern, die den Heiligen Geist sehr wertgeschätzt und viel über ihn geschrieben haben, bis hin zu den ganzen Mystikern. Ich habe alle aufgespürt, die mit dem Sprachengebet irgendwelche Erfahrungen gemacht hatten. Dann habe ich die Ausgießung des Heiligen Geistes in der Azusa Street in Los Angeles von

---

7 1. Korinther 14,2 (Hfa): „Wenn nämlich jemand in unbekannten Sprachen redet, dann spricht er nicht zu Menschen, denn niemand versteht ihn. Er spricht zu Gott, und was er durch Gottes Geist redet, ist ein Geheimnis."

1906 untersucht,[8] die methodistische Erweckung,[9] die Holiness-Bewegung[10] und so weiter. Ich habe so ziemlich alle Bücher gelesen, die es zu diesem Thema gibt. Gott sei alle Ehre dafür – ich konnte die Arbeit abschließen und sie wurde von einer säkularen Universität anerkannt, obwohl sie ein sehr spezielles Gebiet behandelt. Aber ich habe wissenschaftlich sauber gearbeitet, und das hat gezählt."

Unter den Obdachlosen

Auch Rolland studierte Theologie am King's College, zusammen mit Heidi. Tagsüber setzten sie sich mit theologischen Schriften und Denkweisen auseinander, nachts waren sie auf den Londoner Straßen unterwegs, um den Obdachlosen zu helfen.

Zusammen mit anderen Christen suchten sie die Menschen auf, die unter Brücken hausten, auf Treppen kauerten und die in Decken und Plastikfolien gehüllt versuchten, sich vor dem Londoner Nebel und dem Frost zu schützen.

Die Bakers hatten eine Gruppe liebevoller Christen um sich geschart, die sich Believer's Centre nannten. Sie bereiteten mit Käse gefüllte Ofenkartoffeln zu und beschenkten die Obdachlosen damit. Aber sie brachten nicht nur Essen, sie hatten auch Zeit. Freundschaften entstanden. Sie beteten für die Leute und gaben ihnen das Johannesevangelium. Manche der Drogenabhängigen und Prostituierten ließen sich in die kleine Gemeinde einladen, die nachts ihre Gottesdienste feierte.

Harte, verletzte Menschen öffneten sich für Jesus und er heilte sie von Bitterkeit und Hass. Unter ihnen war eine Frau, die versucht hatte, Heidi zu erwürgen, dann aber der Liebe nachgab, die von diesen ungewöhnlichen Christen ausging.

„Während wir an der Universität waren, gründeten wir eine Gemeinde für Obdachlose in der Altstadt. Dabei haben wir viel über den Dienst unter Armen gelernt, was uns später in Afrika geholfen hat", erzählt Rolland.

„Die Londoner Obdachlosen sind harte und gewaltbereite Menschen. Wer mit ihnen umgehen kann, für den ist nichts zu schwer. Wir hatten mit Leuten zu tun, die richtig verrückt waren, einige hatten immer ihr Klappmesser griffbereit, manche wollten Heidi

8 Die Azusa-Street-Erweckung begann am 9. April 1906 und hielt ungefähr bis 1915 an. Sie war gekennzeichnet von übernatürlichen Wirkungen des Heiligen Geistes, Wundern, intensiver Anbetung, dem Beten in neuen Sprachen und einer Aufhebung der Rassentrennung. Sie wurde zum Startschuss für die Pfingstbewegung, die sich im Laufe des 20. Jahrhunderts in der ganzen Welt ausbreitete.

9 Die methodistische Kirche entstand aus einer Erweckung in der „Church of England" im 18. Jahrhundert, die später zu einer eigenen Konfession wurde. Sie verbreitete sich von England über die USA und in viele andere Länder und zählt heute rund achtzig Millionen Mitglieder.

10 Die Heiligungsbewegung entstand im 19. Jahrhundert aus der methodistischen Kirche und aus verschiedenen anderen evangelikalen Glaubensbewegungen. Den Christen in dieser Strömung geht es darum, die Sünde immer weiter abzulegen, also immer heiliger zu werden.

sogar auf offener Straße verprügeln. Nachts trommelten sie an unsere Tür und bedrohten uns", erinnert sich Rolland.

Mehr als bloße Theorie

Wie habt ihr das zeitlich geschafft, Straßeneinsätze zu machen und zu studieren?

„Es war wirklich nicht leicht. Aber leichte Sachen waren ja nie unser Ding … Eigentlich hatten wir mit dem Studium genug zu tun. Aber wir dachten, wenn wir Gott und den Menschen nicht auch praktisch dienen, dann haben wir keine Berechtigung, etwas Theologisches zu schreiben. Ich strebte in London einen Doktortitel an. Aber ich wollte mehr als einen theologischen akademischen Grad. Mir ging es immer darum, mit meinem Wissen und meinen Fähigkeiten den Menschen im Namen Jesu dienen zu können.

Während ich in London war, verließ mein Doktorvater die Universität und ich fand keinen Professor, der mein Thema weiter betreuen wollte. Deshalb konnte ich damals meine Arbeit nicht abschließen. Erst im Sommer 2013 wurde das möglich. Heute weiß ich, dass ich diese Arbeit damals gar nicht hätte schreiben können, ich musste erst noch mehr praktische Erfahrung sammeln. Meine Dissertation war dann eine Untersuchung der Grundwerte bei *Iris Global Ministries*, an denen wir uns in all den Jahren immer orientiert haben."

Große Töpfe werden entladen – groß genug, dass alle satt werden können.

Es sind die folgenden fünf Punkte:
1. Gott lässt sich finden.
2. Wir sind auf Wunder angewiesen.
3. Wir gehen zu den Geringsten.
4. Wir sind bereit zu leiden.
5. Wir freuen uns in Gott.

Im letzten Kapitel seiner Doktorarbeit schreibt Rolland über diese fünf Grundsätze, denen Heidi und er seit dreißig Jahren treu geblieben sind:

„In den ersten Jahren waren diese fünf Aussagen für uns selbstverständlich. Sie lassen sich so klar aus der Bibel ableiten, dass sie kaum der Erwähnung bedürfen. Ist es nicht selbstverständlich, dass wir Gott finden können, dass wir auf ihn angewiesen sind, demütig sind, zu den Armen gehen, dass wir auch bereit sind, für unseren Glauben zu leiden und dass wir uns in allem freuen? Aber je länger wir als Missionare im Einsatz sind, desto deutlicher wird uns, wie wenig selbstverständlich diese Werte sind.

Nach über dreißig Jahren können wir nur immer wieder betonen, dass unsere Arbeit sich auf genau diesen biblischen Prinzipien gründet, die eigentlich für alle christlichen Gemeinden und Werke Gültigkeit haben sollten."

Kapitel 8

Es geht nach Mosambik

Während Heidi und Rolland in London studierten und ihre Obdachlosen-Gemeinde leiteten, nahm ihr Interesse an Afrika ständig zu. Als junges Mädchen hatte Heidi von Gott gehört, dass er sie nach Asien, England und Afrika senden würde. Vor diesem Hintergrund betete Heidi zwanzig Jahre lang für Afrika, ohne die geringste Ahnung zu haben, was Gott dort für sie geplant hatte und wo genau das sein könnte.

Doch nun spürte das Ehepaar, dass sie es bald erfahren würden.

Trotz allem, was hinter ihnen lag, hatten die beiden ihren Idealismus nicht verloren. Sie träumten davon, die gute Nachricht von Jesus an die schlimmsten Orte und zu verzweifelten Menschen zu bringen. Sie hatten keine Angst vor gefährlichen Situationen und waren auch bereit, um ihres Glaubens willen zu leiden.

Typisch Afrika – ein platter Reifen wird gewechselt.

2003 in Morrumbala, einer abgelegenen Stadt in der Provinz Zambezia in Zentral-Mosambik. Viele sind gekommen, um Heidis Predigt zu hören.

Ein verkrüppeltes fünfjähriges Mädchen, das in seinem ganzen Leben noch nie gelaufen ist, wurde in Zambezia abends im Gottesdienst geheilt.

Mosambik?

Eines Tages las Rolland einen Artikel aus einer Zeitschrift vor. Es ging um Mosambik. Ein schrecklicher Krieg hatte fast dreißig Jahre lang in dem Land getobt und dazu geführt, dass die restliche Welt das kleine Land aufgegeben und vergessen hatte. Der Artikel schilderte die Grausamkeiten, die in dem Land an der Tagesordnung waren, er beschrieb das rechtsfreie, gesetzlose Chaos, das überall herrschte, und er zeigte, wie zerstört die Infrastruktur landesweit war.

„Lastwagen des Roten Kreuzes werden in die Luft gejagt", las Rolland vor.

„Diese Menschen brauchen Hilfe. Vielleicht können wir dorthin gehen?", reagierte Heidi sofort.

„Ja, dieses Land würde zu uns passen ...", grinste Rolland mit dem für ihn typischen Humor. Von da an ließ der Gedanke die beiden nicht mehr los.

Ein Paradies wird zum Kriegsschauplatz

Mosambik war als alte portugiesische Kolonie für seine Schönheit bekannt. An seiner zweitausendfünfhundert Kilometer langen Küste entlang des Indischen Ozeans ließen sich viele Portugiesen und andere Weiße nieder, um Handel zu treiben, aber auch, um die Schätze des Landes auszubeuten.

In den frühen Sechzigerjahren wuchs der Wunsch des Landes nach Unabhängigkeit. Doch die Portugiesen hielten an ihrem Kolonialbesitz fest. 1964 begann ein zehnjähriger blutiger Krieg. Erst nach der Nelkenrevolution[11] in Portugal erlangte Mosambik am 25. Juni 1975 nach knapp fünfhundert Jahren als Kolonie die Unabhängigkeit. Aber für das Land gab es trotzdem noch keinen Frieden. Nun begann die Zeit der FRELIMO-Partei, die von der Sowjetunion, China und Kuba unterstützt wurde und ein autoritäres, marxistisches Regime errichten wollte. Damals verließen die rund zweihunderttausend Weißen das Land. Für die Wirtschaft Mosambiks war das fatal.

1975 entstand mithilfe Südafrikas und Rhodesiens eine zweite Partei, die sich RENAMO nannte. Sie wurde als antikommunistische Widerstandsbewegung gegründet, um die FRELIMO zu bekämpfen. Ein neuer, siebzehnjähriger Bürgerkrieg begann.

Erst 1991, als die sowjetische Unterstützung für die FRELIMO entfiel, endete der Krieg. Seit 1992 ist endlich Frieden in Mosambik und knapp zwei Millionen

---

11 Die Nelkenrevolution von 1974 verdankt ihren Namen den roten Nelken, die den portugiesischen Soldaten in die Gewehrläufe gesteckt wurden. Es gab nur vier Tote. Ansonsten verlief der Sturz des diktatorischen Regimes in Portugal völlig unblutig. Darauf folgten noch zwei unruhige Jahre unter kommunistischer Herrschaft, bis schließlich ein gemäßigteres sozialistisches Regime wieder für Ruhe in Portugal sorgte.

Flüchtlinge kehrten in ihr vollkommen zerstörtes Land zurück. Das ganze Land war vermint, auch viele Jahre nach dem Krieg gingen weiterhin Tod und Zerstörung von den Minen aus.

Vier Millionen Menschen waren innerhalb des Landes auf der Flucht und kamen nun in ihre Heimatstädte zurück. Das Elend war groß. Nach den Jahrzehnten der Zerstörung war Mosambik das ärmste Land der Welt, der Anteil der Analphabeten lag 1995 bei neunzig Prozent. Auch heute werden erst zehn bis fünfzehn Prozent der Fläche wieder landwirtschaftlich genutzt. Alles andere liegt noch immer brach.

Nach dem Kriegsende kamen kaum Ausländer in das Land, die Armut war zu groß, auch war die Lage nicht sicher genug. Aber für Heidi und Rolland galt das Gegenteil. Sie zog es zu den Ärmsten, den Verlassensten, zu den Menschen, denen niemand half.

Rolland bei den Waisenkindern

Im Januar 1995 legte Rolland eine Studiumspause ein und brach zu einer kurzen Erkundungsreise nach Mosambik auf. Er knüpfte erste Kontakte mit den Behörden, die aber immer noch sehr kommunistisch geprägt waren. An einer Zusammenarbeit mit amerikanischen Missionaren waren sie nicht wirklich interessiert.

Wieder zurück in London erzählte er von Tausenden von Waisenkindern, die unter den schlimmsten Bedingungen als Straßenkinder dahinvegetierten. Niemand schien für sie zuständig zu sein. Rolland hatte ein Waisenhaus in Chihango besucht, unweit der Hauptstadt Maputo, wo heimatlose Kinder verwahrt wurden. Geld hatte der Staat anscheinend nicht für sie. Rolland und Heidi zögerten nicht, sondern teilten der Regierung mit, dass sie dieses Heim übernehmen würden.

„Mein Herz brannte für diese Kinder, die niemand haben wollte. Ich konnte es kaum erwarten, endlich bei ihnen zu sein“, erzählt Heidi. „Es zeichnete sich ab, dass Mosambik meine Lebensaufgabe werden würde.“

Heidi allein in Mosambik

Rolland arbeitete weiter an seiner Doktorarbeit, während Heidi ihre Arbeit abgeschlossen und die mündliche Verteidigung hinter sich gebracht hatte. Sie hielt es nicht länger aus, sie wollte nicht auf ihn warten, sie musste nach Mosambik zu dem Kinderheim. Rolland willigte ein, dass sie vorausgehen würde.

„Wir hatten keinen Plan, kein Geld und keine Ahnung, wer uns helfen würde, für so viele Kinder zu sorgen“, erinnert Heidi sich.

Sie flog im August nach Südafrika und ersteigerte sich dort einen alten Wagen mit Allradantrieb. Einen Tag vor dem Abflug hatte ihr jemand Geld gegeben, das reichte dafür. Zusammen mit zwei Freunden, Johann und Merilee, fuhr sie die endlose Strecke in das vom Krieg zerstörte Mosambik. Zusätzlich zu allem anderen herrschte dort nun auch noch eine schwere Dürre. Risse zerfurchten die trockene Erde, die Ernte war vernichtet und eineinhalb Millionen Menschen waren vom Hungertod bedroht. Viele wurden in ihrem verzweifelten Überlebenskampf kriminell. In den ersten Jahren nach dem Ende des Kriegs gab es weder Recht noch Ordnung in dem Land. In der ersten Nacht in Maputo wurde gleich dreimal versucht, Heidis neu erworbenes Auto zu stehlen.

Heidi sprach weder Portugiesisch noch eine der lokalen afrikanischen Sprachen. Sie hatte noch nie ein Waisenhaus von innen gesehen. Das Ganze war unglaublich verrückt. Aber ihr starker Glaube trieb sie voran. Gott wollte jedes dieser verzweifelten Kinder mit seiner Liebe berühren, das wusste sie genau. Diese Liebe wollte sie den Kindern vermitteln, das war ihr einziger Plan.

Bitte tu doch was – durch mich

Gleich nach ihrer ersten Nacht in Maputo wollte sie in die Stadt Chihango fahren, wo das Waisenhaus stand. Sie war noch nie auf einer so abenteuerlichen Straße gefahren. Als sie dann tatsächlich an ihrem Ziel ankam, traute sie ihren Augen nicht.

„Alles war noch viel schlimmer, als ich erwartet hatte. In manchen Räumen wurden Ziegen gehalten, und die Räume der Kinder sahen genauso aus. Überall waren Fäkalien. Es stank bestialisch. Die abgemagerten Kinder bekamen eine Tasse Maisbrei pro Tag. Ihre Bäuche waren aufgebläht, die Zehen und Füße von Würmern durchsetzt. Sie kauerten reglos am Boden und starrten ins Leere“, erzählt sie.

Heidi hatte noch eine halbe Tüte Chips im Auto. Die Kinder kämpften um die Krümel, die zu Boden fielen. Vor ihren Augen steckten die Kinder die Erde in den Mund, in der Hoffnung, ein kleiner Chipskrümel wäre dabei.

„Gott, tu doch was! Bitte, tu was – durch mich!“, betete sie.

Doch auch sie selbst hatte nichts zu essen, kein Geld und keine Unterkunft. Eines Tages kam eine Frau und bat sie um den Gefallen, auf ihr Haus aufzupassen. Sie musste für sechs Wochen weg. Sie sollte auch alles essen, was noch im Haus war, sonst würden es bloß die Ratten fressen. So hatte Heidi eine Unterkunft und Essen umsonst, zumindest für eine gewisse Zeit.

Danach erhielt Heidi genug Geld von Freunden, um sich eine Wohnung zu mieten. Tag für Tag ging sie zu den Waisenkindern auf die Straße. Sie nahm immer mehr Kinder im Heim auf. Bis November war sie für die Ernährung von hundertsechzig Kindern verantwortlich. Das Haus war immer noch eine Ruine, die Kinder schliefen auf dem nackten Boden, sie besaßen nur die verschlissenen Kleider, die sie anhatten.

Den Verlorenen wurde neues Leben geschenkt.

Siebenhundert Brote pro Tag

Es gab eine alte Bäckerei in Chihango, die Heidi wieder instand setzte. Dort fing sie an, siebenhundert Brote pro Tag zu backen. Was die Kinder nicht aßen, wurde in der Stadt verkauft, so verdiente sie Geld für andere Dinge, die notwendig waren. In einem alten Militärfahrzeug wurden ihr Bohnen und Reis aus Südafrika gebracht. Viel Arbeit war nötig, bis der verseuchte Wassertank wieder sauber war und die Stromversorgung im Haus funktionierte. Jedes Kind bekam eigenes Geschirr. Die Kinder wurden liebevoll behandelt und ihre Wunden wurden versorgt.

Die meisten Kinder waren von ihren Familien ausgesetzt worden oder hatten im Krieg die Eltern verloren. Sie hatten als Diebe und Prostituierte überlebt, wurden vergewaltigt und in vielerlei Hinsicht missbraucht. Viele waren halbtot, wenn sie von Heidi und ihren Helfern aufgenommen wurden.

Im März 1996 kam Valentino zu Heidis wachsender Kinderschar dazu. Seine Mutter war von drei Männern totgeschlagen worden, während sie ihn in ihren Armen hielt. Nun brachte der Vater des Jungen den Zweijährigen zu Heidi, weil er selbst nicht für das Kind sorgen konnte. Der Vater gab Heidi das Kind in den Arm, und dort wollte Valentino bleiben. Sobald Heidi ihn absetzte, weinte er laut. Doch später wurde er zu einem der glücklichsten Kinder im Heim.

Hier wird täglich für Hunderte von Kindern gekocht.

Gottes Liebe sichtbar gemacht

Das waren die Augenblicke, in denen Heidi wusste, warum sie in Afrika war. „Durch uns macht Gott seine Liebe sichtbar, durch uns rettet er diese kostbaren Kinder vor Satans entsetzlicher Grausamkeit."

Im Juni 1996 schrieb Heidi ihren Freunden zu Hause einen Brief und berichtete von ihrer immer größer werdenden Familie in Chihango. Die Freunde beteten für sie und unterstützten sie auch. In diesem Brief benutzte sie zum ersten Mal das portugiesische Wort für Regenbogen, Arco-Iris, als Name für ihre Arbeit in Chihango. Später wurde daraus der offizielle Name ihrer Mission.

„Heute war ein schöner Tag. Sechs kostbare junge Leute wurden in Gottes Reich hineingeboren. Augusto, Joan, Adriano, Mario, Alberto und Guambe wurden Kinder des lebendigen Gottes. Er wird für sie sorgen, sie ernähren und auch ihre Seelen satt machen.

Hoffentlich wird der Schmerz, den sie als verlassene Kinder erlebt haben, bald nachlassen, während sie von uns als ihrer neuen Familie in Arco-Iris Chihango liebevoll aufgenommen werden."

Dann erzählt sie in ihrem Brief die Geschichte eines Kindes, das sie auf der Straße gefunden hatte:

Geschenke der Aktion „Weihnachten im Schuhkarton" werden verteilt.

Im Oktober 1996 wohnten schon dreihundert Kinder hier.

Everista

„Letzte Woche war ich mit meiner Tochter Crystalyn unterwegs, um Brot zu kaufen. Auf der Straße lag ein regloser Junge, er hatte nur Lumpen statt richtiger Kleidung und war voller Wunden. Wir dachten, dieses kostbare Kind sei tot. Ich ging zu ihm hin und legte meine Hand auf seine Schulter. Da schlug er seine großen dunklen Augen auf und sah mich angstvoll an. Ich gab ihm etwas Brot und fragte, was mit ihm passiert war. Everista konnte nicht gut sprechen, wahrscheinlich hatte er schon sehr lange nicht mehr geredet. Er wusste nicht, wie alt er war, er hatte noch nie eine Schule besucht. Seine Eltern waren schon lange tot, er war allein und hatte Hunger, das war alles, was er wusste. Die anderen Straßenkinder mochten ihn nicht und hatten ihn umhergestoßen. Sein Körper trug die Zeichen jahrelanger Misshandlungen. Seine Finger waren vernarbt, weil er in seiner Angst so viel daran herumgekaut hatte. Wenn er über den Boden huschte, erinnerte er mehr an ein Tier als an einen Menschen. Ich lud Everista ein, bei uns zu leben.

Dreißig Jahre lang litt Mosambik unter dem Bürgerkrieg.

Ich erzählte ihm von unserer großen Familie in Chihango. Seine Augen fingen an zu strahlen. So nahm ich ihn mit und wusch seine Wunden. Crystalyn gab ihm bereitwillig etwas zum Anziehen und zum Spielen von ihren Sachen ab. Wir hielten ihn im Arm, beteten für ihn und ließen ihn spüren, wie lieb wir ihn hatten."

Verantwortung für dreihundert Kinder

Im Oktober 1996 war die Kinderschar auf dreihundert gewachsen. In einem Brief schilderte Heidi einige der Geschichten:

„Julia ist dreizehn, José ist acht, Amelia ist fünf, Moises ist dreizehn, Boas ist elf. Sie wachten heute Morgen hungrig auf und fingen an, auf der Straße und in den Mülleimern nach Essbarem zu suchen. Diese Kinder sind meine Freunde, sie besuchen mich oft im Büro, dann reden wir zusammen und wir essen zusammen Brot. Diese Kinder haben alle eine Mutter, aber ihre Väter sind nicht mehr da. Sie haben noch nie eine

Schule besucht. Ab morgen werden sie bei uns in Chihango Arco-Iris wohnen. Sie sind überglücklich bei der Vorstellung, ab morgen zur Schule gehen zu können, unter einer Decke zu schlafen und satt zu sein. Ihr strahlendes Lächeln ist mein schönster Lohn.

Ich muss an Jesaja 14,30 denken: ‚Die Ärmsten meines Volkes Israel werden reichlich zu essen haben, und die Notleidenden können wieder ohne Sorge leben.' Gott ist voller Barmherzigkeit für die Armen und Ausgestoßenen und er kümmert sich um sie. Durch den Kontakt zu den Straßenkindern wächst unsere Familie immer mehr. Wir fingen mit achtzig Kindern an, jetzt sind es dreihundert. Wir weisen kein Kind ab. Unsere Schlafräume sind voll, aber draußen auf den Straßen sind noch Tausende von Kindern unterwegs, die einsam und verlassen sind", schrieb Heidi.

Ein Kind nach dem anderen wurde von der Straße geholt. Jedes brachte eine herzzerreißende Geschichte mit, die es Heidi erzählte. Beatrice, Constancia, Tania, Annabelle, Edson, Bryce, Alfredo … Namen über Namen.

Es sprach sich auf den Straßen herum: In Chihango bekommt man Essen, außerdem sind dort Menschen, die freundlich zu Kindern sind. Wenn Heidis alter Wagen auftauchte, dann winkten die Kinder ihr – vor den Erwachsenen, die in diesem Auto saßen, hatten sie keine Angst.

Unruhen im Jahr 2010: Die Bevölkerung ist wütend, weil die Preise für Lebensmittel, Transport und Energie ins Unermessliche gestiegen sind.

Atheistischer Widerstand

Heidi hatte eine Aufbewahrungsanstalt für auffällige Straßenkinder in ein christliches Zentrum verwandelt. Sahen die Kinder die Liebe in den Augen ihrer „Mama Aida", wie sie Heidi nannten, dann wollten sie auch diesen Jesus in ihrem Herzen haben, von dem sie immer sprach. Sie rannten zu den Gottesdiensten. Dort wurde gesungen und gebetet, sie lernten das Lachen wieder, aber sie schluchzten und weinten auch, wenn Jesu Liebe ihre Seelen berührte.

Doch die Jahre der kommunistischen Herrschaft lagen noch nicht lange zurück. Obwohl Mosambik eine Demokratie geworden war, hatten noch viele Kommunisten ihre früheren Ämter inne. Sie mochten keine Ausländer, schon gar keine Amerikaner. Im Kommunismus hatten sie gelernt, dass man das Christentum bekämpfen muss. Widerwillig ertrugen sie Heidis Tun, doch nur, weil es in ihrem Land noch so unendlich viele andere Probleme gab.

Kapitel 9

Die Liebe des Vaters

Im Oktober 1995 kam Rolland sehr verändert von einer Reise nach Toronto zurück.

In einer Vineyard-Gemeinde unweit des Flughafens von Toronto gab es im Januar 1994 einen ungewöhnlichen Gottesdienst. Randy Clark war damals als Gastsprecher in dieser Gemeinde von Pastor John Arnott. Hundertzwanzig Leute waren gekommen, von denen die meisten an diesem Abend unter der Kraft des Heiligen Geistes zu Boden fielen, lachten oder weinten. Diese Form des Segens, die man später „Toronto-Segen" nannte, wurde von da an zu einem Merkmal der Gottesdienste in dieser Gemeinde. Pastor Arnott erklärte, dass die Berührung mit der Liebe des Vaters die Menschen lachen oder weinen ließ, je nachdem, was der Heilige Geist in ihrer Seele tat. Die Medien berichteten erstaunt von den lachenden Christen, und weltweit breitete sich die Nachricht von einer Erweckung in Toronto aus.

Gottesdienst in der „Toronto Airport Christian Fellowship" mit dreitausend Besuchern.

Nicht neu

In weiten Kreisen der Christenheit begann eine Diskussion darüber, wie das, was in Toronto geschah und sich von dort in viele Länder und Gemeinden ausbreitete, einzuordnen war.

„Für uns war das nicht neu", erklärt Rolland sachlich.

„Mein Opa hat mir auch solche Geschichten erzählt. In den Dreißigerjahren erlebte er in den chinesischen Bergen, wie Tausende von Chinesen auf ähnliche Weise von Gott erfasst wurden. Besonders oft geschah das, wenn mein Opa die neuen Gläubigen in den dortigen Flüssen taufte. Während sie wieder aus dem Wasser stiegen, beteten sie oft in neuen Sprachen, sanken unter der Kraft des Heiligen Geistes zu Boden oder sahen Visionen. Ich wuchs also mit dem Wissen auf, dass der Heilige Geist so wirken kann.

Heidi selbst erlebte Gott von Anfang an auf diese Weise. Als wir uns noch kaum kannten und zusammen beteten, hatte sie oft so viel göttliche Freude in sich, dass sie laut lachte. Das kennen wir also alles. Das Besondere an den Gottesdiensten in Toronto ist nur, dass so viele Leute gleichzeitig von Gottes Kraft berührt werden."

Wir brauchen die göttliche Freude

Im Oktober 1995 bist du alleine nach Toronto geflogen. Was hast du dort erlebt?

„Die Gegenwart Gottes war deutlich spürbar. Das stand im Vordergrund, viel mehr als alle Manifestationen. Gottes Nähe war fast greifbar, alles war von seiner Gegenwart durchdrungen. In dieser Atmosphäre war alles, was ich schon immer geglaubt hatte, wunderbar real.

Ich erlebte den Heiligen Geist wie einen Wasserfall, wie die Niagarafälle, weiß, rein und sehr, sehr stark. Er hat die Kraft Felsen zu bewegen. Die Gnade Gottes hat sehr viel Kraft und ist wunderschön, wie die weiße Gischt des Wasserfalls im Sonnenlicht, ein Funkenregen von Licht, das sich als Regenbogen bricht; eine Reinheit und Kraft, die niemand aufhalten kann. Diese Gnade Gottes kann unsere Seele heilen, sie hat die Kraft, die ganze Welt zu retten.

Ich erkannte, wie klein ich Gott immer gemacht hatte und wie vieles ich dadurch versäumt hatte. Vor dieser Begegnung mit Gott hatte ich mich immer für einen guten Missionar gehalten. Doch plötzlich sah ich, wie hart und lieblos ich oft war, wie wenig ich meinen Gott kannte, wie wenig ich ihm ähnlich war. Das machte mich sehr traurig und ich weinte viel. Dann gab ich eine Menge Geld aus, um mit Heidi zu telefonieren. Mir fiel so vieles ein, für das ich mich bei ihr entschuldigen musste.

Es war das reine Evangelium, das mich so traf und auch tief beglückte. Jedes Mal, wenn ich zum Gottesdienst ging, war mir zum Lachen und zum Weinen zumute. Egal wie spät in der Nacht ich von einem Gottesdienst nach Hause kam, ich freute mich schon wieder auf den nächsten Gottesdienst am nächsten Tag. Alles andere war vergleichsweise unwichtig, selbst essen und schlafen waren fast egal.

Die übernatürliche, göttliche Freude ist für unseren Dienst existenziell. Ohne Gottes Freude könnten wir diesen Weg nicht gehen. Wir würden die Schwierigkeiten und Anstrengungen, denen wir ständig ausgesetzt sind, nicht ertragen. Gottes Freude gibt uns die Kraft, die wir brauchen, sie macht uns stark", erklärt Rolland.

Müde und krank

Während Rolland eine spürbare Erneuerung in Toronto erlebte, wurde Heidi in Mosambik langsam müde. Es war nicht leicht, ständig die Verantwortung für dreihundert Kinder zu haben, für die sie „Mama Aida", die wichtigste Bezugsperson, war. Bei Heidi häuften sich Infektionen und innerhalb von zwei Monaten musste sie sechs Mal Antibiotika nehmen. Schließlich bekam sie eine so schwere Lungenentzündung, dass der Verdacht auf Tuberkulose bestand.

Aber Heidi blieb nicht im Krankenhaus. Sie erwartete, dass Gott ihr helfen würde. Die Veränderung, die Gott in ihrem Mann bewirkt hatte, war beeindruckend. Seit seiner Rückkehr aus Toronto war sein Glaube unerschütterlich und er war voller Barmherzigkeit. Heidi sehnte sich nach Heilung und beschloss, auch nach Toronto zu gehen.

Gegen den ärztlichen Rat trat sie die lange Flugreise nach Kanada an. Ihre Lungen waren voller Wasser und sie bekam kaum Luft.

„Seit 1980 waren wir als Missionare unterwegs, sechzehn Jahre lang. Es war Zeit, näher an Gott zu kommen und zu erleben, dass Gott mich als seine Tochter liebt, egal was ich für ihn tue", erzählt Heidi.

In einem deiner Bücher hast du geschrieben, dass du nicht Missionarin sein kannst, ohne in Jesus verliebt zu sein. Hat dir das in diesen ersten sechzehn Jahren gefehlt?

„Ich kannte Jesus gut, aber ich habe mir auch viel Mühe gegeben, Gott zu gefallen. Fasten hielt ich für sehr wichtig, ich habe bestimmt ein Drittel meines Lebens gefastet. Ich dachte, wenn ich nicht faste, kann ich nicht predigen.

Fasten ist auf jeden Fall wichtig, alle unsere Mitarbeiter fasten regelmäßig. Aber wenn man fastet, weil man *Gott gefallen* will, dann ist es falsch. Wir fasten jetzt, damit unsere *Sehnsucht nach Gott* lebendig bleibt.

Während meiner Zeit in Toronto ist mir Gott als Vater begegnet. Das war eine mächtige, gewaltige Erfahrung. Er hat mir gezeigt, wie lieb er mich hat, nicht wegen alldem, was ich tue, sondern weil er mich so mag, wie ich bin.

Deshalb habe ich aber nicht aufgehört, ihm zu dienen. Im Gegenteil. Ich war so glücklich darüber, meinen Vater im Himmel zu kennen, dass ich noch mehr tun wollte, vor lauter Freude. Es ist Freude pur, wirklich.

Es geht nicht darum, ihm zu gefallen. Es geht darum, dass ich ihn liebe."

Gehörst du nicht ins Krankenhaus?

Auf dem Weg nach Toronto legte Heidi einen kurzen Zwischenstopp ein, um ihre Eltern zu treffen. Heidi konnte zu dem Zeitpunkt kaum gehen und bekam nur noch schwer Luft. Kein Wunder, dass ihre Eltern sie direkt ins Krankenhaus brachten. Heidi war sehr erschöpft, aber trotzdem hatte sie ein klares Ziel: Sie wollte nach Toronto. Sie sehnte sich nach der Begegnung mit Gott. Also verließ sie das Krankenhaus wieder und reiste weiter. Und tatsächlich: Direkt während ihres ersten Gottesdienstes wurde sie geheilt! Es fühlte sich an, als würden ihre Lungen geöffnet, und zum ersten Mal seit Wochen konnte sie wieder tief und unbeschwert atmen.

Jahrelang hatte sie für andere gelebt, hatte gepredigt und alles gegeben. Jetzt kam für Heidi eine Zeit des Empfangens. Sie verbrachte Stunden in der Gegenwart Gottes, während Carol Arnott, die Frau des Pastors, zusammen mit anderen Frauen für sie betete. Sie nahmen sich viel Zeit, um dieser erschöpften Missionarin aus Mosambik zu dienen. Heidi erinnert sich: „Ich habe noch nie erlebt, dass jemand mit so viel Liebe und Barmherzigkeit für andere betet und sich dafür so viel Zeit nimmt."

Doch was Gott dann noch für Heidi hatte, veränderte nicht nur sie, sondern ganz Mosambik.

Die Prophetie

Randy Clark predigte. Heidi kannte diesen jungen Pastor nicht. Sie saß ziemlich weit hinten im Raum und fühlte sich unter den vielen Menschen ein bisschen fremd. Doch als dann über das *Feuer Gottes*, die *Salbung* und die *Sehnsucht nach mehr* von Gott

Randy Clark (links) predigte und prophezeite, was Gott in Mosambik tun würde. John und Carol Arnott (rechts), Pastoren der Gemeinde in Toronto, die sich viel Zeit nahmen, um für Heidi zu beten.

gepredigt wurde, hörte sie wie gebannt zu. Das waren ihre Themen! Sie gab sich alle Mühe, ruhig sitzen zu bleiben, aber es ging nicht. Sie konnte einfach nicht warten, bis zum Gebet nach vorne gerufen wurde. Gott rief sie, der Heilige Geist zog sie und sie gab ihm nach, mitten in der Predigt stand sie auf und lief nach vorne, ohne auf die anderen Gottesdienstbesucher zu achten, die sie anstarrten.

Als der Pastor sie sah, unterbrach er sich und begann plötzlich prophetisch zu reden: „Ich möchte dir das Volk von Mosambik geben", hörte Heidi ihn sagen. „Die Blinden werden sehen, die Krüppel werden gehen, die Tauben werden hören, die Toten werden auferstehen und die Armen werden die gute Nachricht von Jesus hören. Willst du das?"

„Ja!", rief Heidi und sank zu Boden. Die Herrlichkeit Gottes legte sich wie eine schwere Decke auf sie, sodass sie sich lange nicht bewegen konnte. Dieses Erlebnis würde sie nie vergessen.

„Es wird immer genug geben, weil ich gestorben bin!"

Heidi betete für die Kinder in Mosambik, als sie plötzlich eine Vision hatte. Tausende von Kindern liefen auf sie zu. Sie erschrak und rief spontan: „Nein, Herr, das sind zu viele!"

Da sah sie Jesus, der neben ihr stand. Viele Tausend Kinder umringten sie und schauten sie mit großen Augen an.

Heidi erzählt: „Sein Gesicht leuchtete und in seinen Augen brannte eine sehr intensive Liebe. Sein Körper war verletzt und seine Seite war aufgestochen. Er sagte: ‚Schau in meine Augen und dann gib ihnen zu essen.' Dann nahm er einen Teil seines verletzten Körpers und gab ihn mir. In meinen Händen verwandelte er sich zu Brot, das ich an die Kinder austeilte. Dabei vermehrte es sich.

‚Schau in meine Augen. Gib ihnen zu trinken', sagte Jesus dann und gab mir einen Becher mit Blut und Wasser, das aus seiner Seite floss. Ich wusste, es war der Becher des Leidens und der Freude, und ich trank davon. Dann gab ich den Kindern zu trinken. Der Becher wurde nicht leer.

An dieser Stelle begann ich sehr zu weinen. Diese leidenschaftliche Liebe in seinen Augen überwältigte mich. Ich verstand, welchen Preis er dafür bezahlt hatte, dass wir alle immer körperlich und geistlich genug zu essen haben. Da sagte Jesus zu mir: ‚Es wird immer genug geben, weil ich gestorben bin.'

Ich konnte mich nicht bewegen. Ich lag einfach nur da. Für andere sah das seltsam aus und ich fand es auch nicht angenehm, so hilflos zu sein. Aber diese heilige, furchterregende, ehrfurchtgebietende Gegenwart Gottes, in der ich mich befand, hat mein Leben für immer verändert. Es war eine unbeschreibliche Heiligkeit, die über Tage andauerte. In dieser Zeit lernte ich mehr, als ich sonst in vielen Jahren hätte lernen können", erklärt Heidi ernst.

Mehr als eine Million Dollar

Während ihr so intensive Begegnungen mit Gott in Toronto hattet, wurde in vielen Kirchen heiß diskutiert. Viele waren unsicher, ob die Manifestationen, die das Wirken des Heiligen Geistes dort begleiteten, wirklich von Gott waren. Wie ging es euch damit?

„Als ich zum ersten Mal in Toronto war, heilte Jesus mich von beidseitiger Lungenentzündung und ich sah Jesus in einer Vision.

Aber als ich zum zweiten Mal nach Toronto fliegen wollte, bekamen wir einen Brief von der Gemeinde, die uns am meisten unterstützte.

Wir hatten ohnehin nie viele Spender. Alles war immer sehr knapp. Für unseren wachsenden Dienst hatten wir nur ein Fahrzeug. Wir nannten es Lazarus, weil es ständig zusammenbrach und dann wieder auferweckt werden musste …

Dann wurden wir von dieser sehr großen Gemeinde eingeladen. Wir sprachen dort und sie beschlossen, uns eine Million Dollar zu schenken. Das war für uns unvorstellbar viel Geld. Wir freuten uns sehr über diesen Segen. Unsere Kinder waren teilweise obdachlos und wir hausten in Zelten. Wir brauchten dringend Geld.

Mein Mann ging dann für einen Monat nach Toronto. In der Zeit kam ein Brief von dieser Gemeinde. Darin hieß es: ‚Wenn ihr beiliegendes Schriftstück unterschrieben zurückschickt und damit versprecht, dass ihr weder nach Toronto noch nach Pensacola[12] gehen werdet, dann werden wir euch weiterhin monatlich mit hunderttausend Dollar unterstützen. Wenn nicht, werden wir die Überweisung sofort einstellen.'

Die Leiter dieser Gemeinde dachten offensichtlich, wir würden in Toronto oder Pensacola etwas Falsches lernen oder erleben.

Nun: wir gingen trotzdem. Gott begegnete uns auch dieses Mal wieder auf gewaltige Weise und wir sagten uns: ‚Was sind schon eine Million Dollar – darauf verzichten wir doch gerne, wenn wir dafür in Gottes Gegenwart sein können. Wir wollen auf keinen Fall etwas von dem verpassen, was Gott für uns hat.'

Das schrieben wir auch dieser Gemeinde und sie stellte ihre Unterstützung ein.

So hat uns dieser Besuch in Toronto eine Million Dollar gekostet. Aber es lohnte sich. Nie habe ich für etwas Sinnvolleres Geld ausgegeben.

Jahre später hatten wir wieder Kontakt mit dem Pastor dieser Gemeinde und er drückte uns seine Wertschätzung aus. Weil seine Gemeinde uns nicht unterstützte, tat er es privat. Als mein Mann krank wurde, übernahm er Rollands gesamte Behandlungskosten."

---

12 Die Erweckung in der Brownsville-Gemeinde in Pensacola ging von 1995 bis 2000. Mehr als vier Millionen Menschen kamen in dieser Zeit zu den Gottesdiensten. Zentrales Thema war die Abkehr von der Sünde und ein Leben in Heiligkeit, unterstützt durch ein starkes Wirken des Heiligen Geistes.

Kapitel 10

Die Hölle ist los

Nach diesen tiefen Erfahrungen in Gottes Gegenwart hast du bestimmt erwartet, dass Gott euren Dienst in Mosambik nun noch viel mehr segnen würde als zuvor, oder? Randy Clark hatte immerhin prophezeit, dass Gott dir das ganze Volk geben wollte. Aber das erfüllte sich nicht sofort?

„Nein, im Gegenteil, was dann geschah, war ein Albtraum. Rolland bekam zerebrale Malaria, das ist die schwerste Form von Malaria. Crystalyn hatte sechs oder sieben Mal nacheinander Malaria. Sie musste sich die ganze Zeit übergeben, bis sie ganz blass und mager war. Bei mir wurde multiple Sklerose festgestellt. Meine ganze rechte Körperseite war betroffen. Ich ging mit einem Stock, einer Krücke und trug eine Schiene am Knie. Außerdem verloren wir unser ganzes Geld. Keine Blinden sahen, keine Tauben hörten, nichts passierte."

Was hast du damals über deine Erlebnisse in Toronto gedacht?

„Ich wusste, dass die Prophetie von Randy Clark von Gott kam. Das ist vielleicht schwer vorstellbar, aber ich habe nie daran gezweifelt. Für mich war ganz klar, dass Mosambik das Land war, in dem wir bleiben würden, egal was passiert.

Bald darauf wurde uns auch das Kinderheim genommen. Wir wurden obdachlos. Aber auch das änderte nichts daran, dass wir voller Liebe zu Jesus waren. Und wir liebten unsere wunderbaren Kinder. Gott half uns standhaft zu bleiben und nicht aufzugeben. Wir hatten keine Angst davor, leiden zu müssen."

Hat dein Glaube auch etwas mit den Erlebnissen in Toronto zu tun? Haben sie dazu beigetragen, in dieser Situation nicht ins Zweifeln zu kommen?

„Ja. Was ich mit Gott erlebt habe, war sehr intensiv, aber nicht nur in Toronto. Es ging weiter, ich erlebe das seither jeden Tag. Man kann in dieser engen Verbindung bleiben. Das ist mir sehr wichtig.

Die Erfahrung, wie ich nach der Prophetie unter der Gegenwart Gottes alle Kraft verlor und mich nicht mehr bewegen konnte, während seine Heiligkeit und Herrlichkeit tagelang auf mir lasteten, das vergesse ich nicht. Es war die gewaltigste Erfahrung meines Lebens. Natürlich trägt sie dazu bei, dass ich nicht zweifle."

Rolland ist dem Tod nahe

Auch für Rolland kam jetzt eine sehr schwere Zeit.

„Damals wurde unser Glaube auf die Probe gestellt wie nie zuvor. In der Regierung gab es immer noch Kommunisten. Sie versuchten, uns umzubringen oder zumindest aus dem Land zu werfen. Heidi bekam multiple Sklerose und ich bekam Malaria. Zwei Tage lang gab man mir die falsche Medizin. Bis das jemand bemerkte, war ich schon fast tot. So wurde ich mit dem Auto nach Südafrika gebracht. Flüge gab es damals nicht. Ich war sehr lange im Krankenhaus. Die Ärzte dachten, ich überlebe das nicht. Damals gab es noch nicht die Medikamente, die man heute hat. Ich war die meiste Zeit bewusstlos", erzählt Rolland.

Denkst du, dass der Teufel versucht hat euch aufzuhalten, bevor das, was Gott angekündigt hat, überhaupt erst richtig losgehen konnte?

„Ja, auf jeden Fall! Der Teufel will uns immer aufhalten, aber er ist nicht stark genug, und klug genug ist er auch nicht."

Ärger mit der Regierung

Wie aus heiterem Himmel stellte sich plötzlich auch die Regierung gegen das, was die Bakers taten. Die Verhandlungen mit dem Ministerium für Erziehung in Maputo waren bis zu diesem Zeitpunkt eigentlich gut verlaufen. Es sollte eine Zusammenarbeit zwischen der Regierung und ausländischen Sponsoren geben, Chihango sollte ein Zentrum werden, von dem verschiedene Dienste und Hilfen ins ganze Land gehen sollten.

Aber plötzlich wurden sehr schwierige Bedingungen gestellt, um das Kinderheim weiterzuführen. Dicke Stapel mit Blättern voller Anweisungen und Verbote sollten in Zukunft das Leben im Kinderheim regeln.

Jede religiöse Aktivität wurde mit sofortiger Wirkung verboten. Die Kinder durften nicht mehr beten und nur noch einmal pro Woche einen Gottesdienst außerhalb des Geländes besuchen. Es durfte nichts Christliches mehr erzählt werden, Singen und Anbetungsmusik waren verboten.

Mehr als zwanzig Dollar wert

Auch wurde es ab sofort verboten, die älteren Kinder, die ihre Schulausbildung abgeschlossen hatten, im Heim zu beschäftigen. Es durften keine neuen Straßenkinder mehr aufgenommen werden. Außerdem durften keine Kleider oder Medikamente mehr verschenkt werden. Würde man die Bakers beim Beten oder Singen erwischen, würden sie sofort des Landes verwiesen werden. Dann erfuhr Heidi von der örtlichen Behörde, dass auf ihren Kopf eine Belohnung von zwanzig Dollar gesetzt worden war. Viele Menschen waren noch vom Bürgerkrieg her bewaffnet. In diesem armen Land wären viele bereit gewesen, sie für zwanzig Dollar zu erschießen. Heidi versuchte, das Ganze nicht so schwer zu nehmen und amüsierte sich über ihren ‚Preis': „Ich dachte, ich bin mehr als zwanzig Dollar wert!" Diese Meinung teilten auch die Kinder von Chihango.

Die Kinder beteten, sangen, machten weiter Lobpreis und erklärten, lieber wollten sie mit den Bakers ohne Strom und Wasser in Zelten wohnen, als ohne die Bakers in Chihango zu bleiben. Sie wollten nicht wieder von den Menschen betreut werden, die früher für sie zuständig waren, von denen sie geschlagen wurden, die ihnen nichts zu essen gegeben hatten und die ihnen verbieten wollten, den Jesus anzubeten, den sie in den letzten Monaten kennengelernt hatten.

Die Bakers wurden schließlich aufgefordert, Chihango innerhalb von zwei Tagen zu verlassen. Die Mitarbeiter versuchten so viel wie möglich zu retten. Betten, Matratzen, Kleidung, Werkzeug und Medikamente mussten in Windeseile in Sicherheit gebracht werden. Am letzten Tag in Chihango war das Wetter besonders malerisch und es war einfach unvorstellbar, dass nun all das Gute, das sich hier entwickelt hatte, zu Ende sein sollte. Wie konnte die Regierung zu den Kindern ihres Volkes so grausam sein?

Nachdenklich sah Heidi zu, wie das Haus ausgeräumt wurde, als sie plötzlich alles verstand. Sie war genau dort, wo sie immer sein wollte: an der Front. Sie kämpfte in erster Reihe, dort, wo Himmel und Hölle aufeinanderprallen.

„Wir wussten, dass unsere Zeit in Mosambik noch lange nicht zu Ende war. Gottes Plan würde aufgehen und wir würden ihn dafür preisen."

Die wunderbare Essensvermehrung

Eilig flüchteten die Bakers von Chihango nach Maputo. Dort hatten sie ein kleines Büro gemietet, in dem sie jetzt vorübergehend wohnen wollten. Doch kaum waren sie dort angekommen, trafen auch schon die ersten Kinder ein. Sie waren mit langen Stöcken geschlagen worden, weil sie christliche Lieder gesungen hatten. Barfuß waren sie die zwanzig Kilometer von Chihango in die Hauptstadt gelaufen und hatten ihre „Mama Aida" gesucht. Wohin hätten sie sonst gehen sollen? So wurden Stockbetten in der Garage aufgebaut. Aber in kürzester Zeit waren über hundert Kinder da. Ein riesengroßes Chaos brach aus. Es gab keine Toiletten, kein Essen, keinen Platz. Die Bakers wussten nicht, wie Gott ihnen als Nächstes helfen würde. Dann geschah mitten in dieser unmöglichen Situation etwas Erstaunliches.

Eine freundliche Dame aus der amerikanischen Botschaft hatte von der Flucht der Bakers gehört und kam mit einem Topf voller Essen vorbei. Sie brachte Reis und Chili, gerade genug für eine Mahlzeit für vier. Die Frau klingelte, Heidi öffnete die Tür. Müde trat sie zur Seite und ließ die Frau ins Innere des Raumes schauen, der voller Kinder war. Die Frau verstand und erklärte, sie würde schnell nach Hause gehen und mehr kochen. Doch Heidi ließ die Dame nicht gehen. „Kommen Sie herein und beten Sie für das Essen", schlug Heidi vor, ohne genau zu überlegen, was sie tat. Die Frau betete kurz. Dann nahm Heidi den kleinen Topf und einen Stapel Plastikteller. Sie füllte den ersten Teller voll, ohne zu rationieren, eine große Kelle. Dann den zweiten, den dritten … Heidi gab jedem Kind eine volle Portion, auch ihre Familie und die Mitarbeiter aßen sich satt. Dabei war sie selbst so erschöpft, dass sie kaum bemerkte, was geschah.

Es war das gleiche Wunder wie damals mit Fischen und Broten. Jesus tat es wieder, für die hungrigen Straßenkinder in Maputo.

Seit diesem Tag wiesen Heidi und Rolland nie wieder ein verlassenes, sterbendes Waisenkind ab. Die Zahl ihrer Kinder wuchs täglich, bald waren es über tausend, aber sie vertrauten dem, was Jesus in der Vision gesagt hatte – es würde immer genug geben, weil er dafür gestorben ist.

Sangen die Kinder christliche Lieder, wurden sie mit langen Stöcken geschlagen. Also flüchteten sie und legten die zwanzig Kilometer von Chihango nach Maputo barfuß zurück, um Heidi und Rolland wiederzufinden.

Kapitel 11

Neustart

„‚Mama Aida', mach dir keine Sorgen", trösteten die Kinder Rolland und Heidi, die plötzlich mit dreihundert Kindern mitten in der Hauptstadt gestrandet waren – ohne geeignete Unterkunft.

Und irgendwie ging es dann auch weiter.

Sie bekamen Land geschenkt, bauten Hütten mit Strohdächern für die großen Jungs, kauften alte Armeezelte und stellten Betten auf. Der Boden war sandig, es gab Schlangen und Würmer, Wasser mussten sie mit einem Eselskarren holen. Doch bald kam ein handwerklich begabtes Team zu Besuch, das Betonböden unter die Zelte legte und einen Brunnen grub. Mit einer einfachen Handpumpe gab es für die Zeltstadt von da an genug Wasser.

Das Zirkuszelt

Was nun fehlte, war ein Versammlungsort für Gottesdienst und Schulunterricht. Also fuhr Heidi nach Südafrika, um ein Zelt zu kaufen, in dem tausend Leute Platz hatten. Würde man so ein Zelt bestellen, müsste man ein halbes Jahr warten, bis es angefertigt worden ist. Doch vor Ort fand Heidi ein schönes, blau-weiß gestreiftes Zirkuszelt, das bestellt, aber nie abgeholt worden war. Es sollte zehntausend Dollar kosten. Genau an jenem Tag überwies ein anonymer Spender aus Kalifornien zehntausend Dollar auf das Konto der Mission.

Auf der ganzen Heimfahrt nach Mosambik dankte Heidi ihrem Gott.

Das neue Zelt zog noch mehr Kinder an und Heidi wanderte durch die Straßen Maputos. Mit den Augen Jesu suchte sie verlorene, verlassene Kinder und nahm sie mit.

Auch aus Bocaria, dem Slum auf dem Müll, kamen Kinder zu ihr.

Der Müllplatz

Eines Tages, als Heidi betete, hatte sie eine Vision, in der Jesus mit ihr auf der Müllhalde tanzte. Dann scharte er die Kinder um sich, die nur Lumpen trugen. Sie waren rußverschmiert vom ständig brennenden Müll, ihre Haut war übersät von eitrigen Wunden und ihre Bäuche waren vom Hunger aufgebläht.

„Jesus und ich, wir berührten jedes einzelne Kind, und jedes wurde vollständig geheilt. Ihre Bäuche wurden flach, die Wunden verschwanden und sauber wurden sie

Kinder auf der Bocaria-Müllhalde in Maputo, der Hauptstadt von Mosambik. In einer Vision war Heidi hier mit Jesus, der ihr seine Liebe zu diesen Kindern zeigte.

auch. Wir nahmen uns Zeit für jedes einzelne Kind. Jesus zog ihnen herrliche Gewänder an, jedes war anders, sie waren rot, blau, lila, auch in Silber und Gold. Dann führten wir sie tanzend von der Müllhalde weg zu einem Hochzeitsfest. Der Ort war unbeschreiblich schön, sauber und rein, erfüllt von Gottes Gegenwart. Jesus nahm ein Kind nach dem anderen an der Hand und führte es zu seinem Platz an den Tisch. Er setzte die Kinder ganz oben hin, ganz nahe zu sich", erinnert Heidi sich. Aufgrund dieser Vision fing sie an, zum Müllplatz zu gehen.

Leicht war auch diese neue Aufgabe nicht.

Bei einem von Heidis ersten Besuchen auf der Müllhalde gingen Jugendliche auf sie los. Sie waren betrunken und verwirrt von den Drogen, die sie genommen hatten. Die Apotheken der Stadt warfen alle möglichen Medikamente in den Müll, die von den Jugendlichen dann wahllos konsumiert wurden. Sie hatten Glasflaschen mit abgebrochenen Hälsen in der Hand und drohten damit, Heidi und ihren Begleitern die Kehlen aufzuschlitzen.

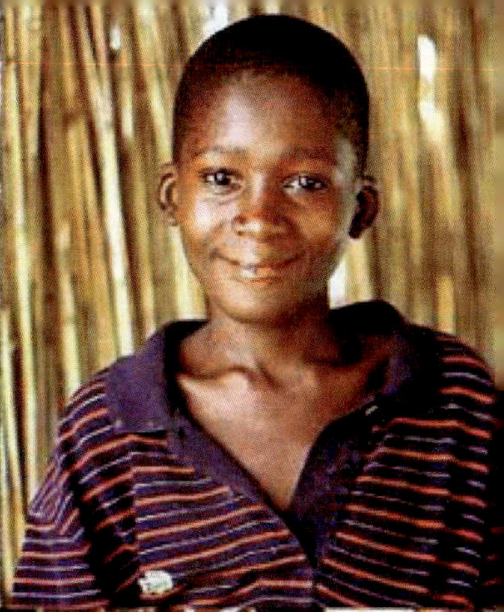

Oben links: Heidi singt und tanzt mit einigen ihrer guten Freunde auf dem städtischen Müllplatz von Maputo. Viele dieser Kinder wurden in ein Kinderheim gebracht, das die Bakers bald darauf in Zimpeto eröffneten.

Oben rechts: Joels Vater wurde im Bürgerkrieg umgebracht, seine Mutter starb, als sie zerebrale Malaria bekam. Hungrig und verletzt wurde er auf der Straße gefunden und zu den Christen gebracht, die ihn liebevoll aufnahmen. Danach bekam er eine schwere Malaria und war dem Tod nahe. Aber als ein großer, heller Engel ihm in einer Vision erschien und ihn berührte, war er sofort gesund.

Unten rechts: Die Kinder vom Müllplatz riechen nicht gut. Aber sie beten mit Heidi zusammen Jesus an. Dazu treffen sie sich in der Müllplatz-Kirche, einem kleinen, rußigen Verschlag mitten auf der Müllhalde.

Unten links: Die Ärmsten der Armen leben in solchen Hütten. Die Mission hat mehr als dreißig Häuser mit Schilfdächern gebaut, in denen die besonders armen Familien jetzt wohnen können.

Doch Heidi erzählte den Jugendlichen von ihrer Vision und erklärte, dass sie deshalb hierhergekommen sei. Jesus hatte mit ihr hier auf der Müllhalde getanzt. Einige der großen Jungs brachen weinend zusammen. Die Liebe Jesu, von der diese Frau sprach, berührte sie tief.

Die Müllplatz-Kirche

Von da an beschützten diese rauen Jungs Heidi und ihr Team. Heidi brachte Ärzte und Krankenschwestern zur Müllhalde, die alle erdenklichen Krankheiten behandelten. Die meisten Kinder waren sexuell missbraucht worden und litten an Gonorrhö, Syphilis, Aids oder Tuberkulose.

Aber Heidi brachte nicht nur medizinische Hilfe, sie kümmerte sich auch um die Seelen dieser armen Kinder. So baute sie eine kleine Hütte mitten auf dem Müllplatz, in der sie die Kinder versammelte, um mit ihnen zusammen Jesus anzubeten.

„Als ich das erste Mal auf den Müllplatz kam und den Kindern von Jesus erzählte, hatten sie keine Ahnung, von wem ich sprach. Einige Jungs meinten: ‚Wenn er so freundlich ist, dann bring ihn nächstes Mal doch mit, damit wir auch mit ihm reden können.‘ Keine einzige Person, die ich jemals auf dem Müllplatz eingeladen habe, Jesus anzunehmen, hat Nein gesagt. Sie sehnen sich sehr nach Gott“, erzählt Heidi. Die Müll-Kirche gehört zu Heidis Lieblingskirchen. Wo andere nur Schmutz und Gestank sehen, erlebt Heidi den Himmel auf Erden.

„Jesus tanzt mit uns auf der Müllhalde. Durch uns liebt er diese zerstörten, verlassenen Kinder. Er kümmert sich um sie.“

Heidi kann stundenlang von den verlassenen, missbrauchten Kindern erzählen. Manche wurden am Müllplatz ausgesetzt, weil ihre Eltern zu arm waren, um für sie zu sorgen. Oder den Eltern waren ihre Kinder auch einfach egal. Manche sind geistig behindert, andere sind verkrüppelt.

Heidi kennt ihre Namen und ihre Geschichten. Sie darf miterleben, wie verwahrloste Kinder anfangen zu strahlen, wenn Gott sie mit seiner Liebe berührt. Manchen Kindern hat Gott auch schon beeindruckende Visionen von Engeln und dem Himmel geschenkt.

Ernestos Vision

Viele der ehemaligen Müllplatz-Kinder sind jetzt junge Leute, die bereit sind, ihren Platz in den Gemeinden und der Gesellschaft einzunehmen. Einer von ihnen ist Ernesto. Als Müllplatzkind hatte er eine Vision, in der er mit Engeln tanzte, die ihn zu Gottes Thron brachten. Die Engel setzten ihn auf Jesu Schoß. Jesus redete liebevoll und freundlich mit ihm und sagte: „Ich bin traurig über all das Leid, das du erlebt hast, deshalb habe ich dich ins Kinderheim gebracht.“ Jesus ermahnte ihn, andere Menschen nicht mehr zu beleidigen oder zu schlagen. Er sagte dem Jungen, dass er ihn als Pastor gebrauchen und durch ihn viele Wunder tun wollte. Jesus trug ihm auf, viel zu beten und versprach ihm, dass er eines Tages seine Familie finden würde.

Ein anderes Mal, als er krank war, sah Ernesto in einer Vision den Himmel. Danach war er vollständig geheilt. Heute ist er Pastor.

Viele verlassene, missbrauchte Kinder haben eine neue Mutter gefunden, die sie von Herzen lieben.

Ein ganzheitlicher Dienst

Wenn wir aus der westlichen Welt beurteilen, was Missionare tun, dann wird das soziale Engagement grundsätzlich positiv bewertet, während man dem geistlichen Teil der Arbeit oftmals eher skeptisch gegenübersteht. Aber Missionare wie die Bakers könnten nur vergleichsweise wenig bewirken, wenn sie auf den geistlichen Teil verzichten würden.

In einem Brief vom August 1998 schrieb Heidi, was einige Kinder erlebten, als sie getauft und mit dem Heiligen Geist erfüllt wurden:

„Nachdem wir ihnen drei Monate lang die Grundlagen des christlichen Glaubens beigebracht hatten, tauften wir neunundzwanzig Kinder. Jedes einzelne von ihnen wurde auch mit dem Heiligen Geist erfüllt und fing an, in Sprachen zu beten, als es aus dem Wasser kam. Sie hatten sich in der Taufe zu Jesus bekannt und er überschüttete sie mit Freude. Ich konnte kaum stehen, so sehr musste ich lachen und weinen. Ich bin Jesus unendlich dankbar, dass er ausgerechnet diesen Kindern, die in den Augen der Menschen so wertlos sind, seine Herrlichkeit offenbart."

Schwere Angriffe

Aber damit endet der Brief nicht. Heidi berichtet auch von den schweren Angriffen, die sie als Missionare zur gleichen Zeit erlebten:

„Alles passierte an einem einzigen Tag. Wir hatten einen wunderbaren Gottesdienst auf der Müllhalde, Gottes Gegenwart haben wir sehr intensiv gespürt. Als wir danach Brot austeilen wollten, kamen einige Unruhestifter und es gab eine Schlägerei. Katie, eine unserer Missionarinnen, wurde mit einem Messer verletzt, mir schlugen sie ins Gesicht.

Gleich danach hatten wir einen Unfall. Eine Frau fuhr von hinten in unser Auto und beging Fahrerflucht. Unser Wagen war schwer beschädigt, fuhr aber noch. Am Abend desselben Tages fuhr Joel Skjonsby mit seiner Frau und seinem Sohn mit diesem Auto, als Kriminelle mit Gewehren auf das Fahrzeug schossen. Eine der Kugeln verfehlte ihn nur ganz knapp. Joel und seine Familie verbringen ihren Jahresurlaub bei uns und ihr Einsatz ist für uns alle ein großes Geschenk. Jemand hatte zuvor die Fensterscheibe des Autos eingeschlagen und die Taschen gestohlen, die im Auto waren. Ein anderer Wagen unserer Leute ging urplötzlich in Flammen auf. Das Fahrzeug eines weiteren Mitarbeiters wurde gestohlen. Jesse aus Brasilien, ein Mitarbeiter mit viel Verantwortung, hat schwere Malaria, genau wie Rolland, der schon seit einem Monat sehr krank ist. Ich selbst war im Krankenhaus, weil ich eine Infektion mit einem unbekannten Virus hatte, während eine Helferin mit Lungenentzündung im Krankenhaus war. Dann ging unsere Pumpe in der großen Zeltstadt kaputt und dreihundert Personen waren ohne sauberes Trinkwasser …"

Überwinden durch den Glauben

„Unsere tägliche Arbeit ist erschwert durch alles, was in diesem armen Land nicht funktioniert. Das erleben die Teams, die uns besuchen, immer besonders unangenehm: Versorgungsprobleme, Transportprobleme, Kommunikationsprobleme …

Aber wenn wir Gott unser Leben ausliefern und uns am meisten danach sehnen, dass er mit seinem Geist in uns wohnen kann, dann gibt es keine Zeitverschwendung, dann ist jede Zeit sinnvoll genutzt. Es bringt ihn nicht aus dem Konzept, wenn unsere Dinge nicht klappen. Wenn wir ihm vertrauen, können wir alles überwinden."

Ein neues Zentrum in Zimpeto

Im Jahr 1997 konnten die Bakers ein Grundstück in Zimpeto kaufen, im nördlichen Teil der Hauptstadt Maputo. Eine große Straße führte dort vorbei und es gab Strom, anders als in der Zeltstadt. Ein Team aus Hawaii kam für einen Kurzzeiteinsatz und errichtete das erste Kinderhaus.

Nun hatten die Bakers zwei Standorte, an denen sie vernachlässigte und elternlose Kinder aufnehmen konnten.

Sonntagmorgens in Zimpeto: Alle Kinder nehmen am Gottesdienst teil. Später am Tag gibt es hier auch die Mahlzeiten.

Auch in Zimpeto wurde ein großes Zelt für die Gottesdienste aufgestellt. Heidi und Rolland erlebten voller Freude, wie Gott sich den Kindern offenbarte. Alle Kinder und Jugendlichen, die zu den Gottesdiensten kamen, fanden zum Glauben. Jede Woche waren das rund hundert neue junge Christen. Das ganze Gelände war von Gesang und Freude erfüllt.

Jetzt fing das an, wofür Rolland und Heidi so viele Jahre lang gebetet hatten. Die Kinder erlebten Gott und eine Erweckung begann.

Wohlwollen der Regierung

Als die ehemals kommunistischen Regierungsvertreter kamen und sahen, wie die Liebe Gottes diese Kinder veränderte, standen ihnen Tränen in den Augen. Die frühere Feindseligkeit war verschwunden. Sogar aus dem Büro des Präsidenten kam ein Angebot zur Zusammenarbeit.

Dann entstand der Kontakt zwischen den Bakers und dem einheimischen Evangelisten Surpresa Sithole. Seine Eltern waren Zauberer gewesen. Im Alter von fünfzehn Jahren hatte Gott ihn mit hörbarer Stimme in seinen Dienst berufen, mitten aus seinem okkulten Elternhaus heraus. In den schweren Jahren der kommunistischen Revolution redete Gott immer wieder durch eindrucksvolle Visionen zu ihm und ermutigte ihn, als geistlicher Leiter und Pionier weiterzumachen und nicht aufzugeben. In dieser Zeit entstanden neunzig Gemeinden, die sich nun mit den Bakers zusammenschlossen. Die von Surpresa geleiteten Gemeinden und die Kinderzentren der Bakers wurden gemeinsam unter dem Namen „Comunhão na Colheita" (Gemeinschaft der Ernte) offiziell registriert.

Bibelschule für angehende Pastoren

Im Jahr 1998 reisten Rolland und Surpresa fast fünftausend Kilometer kreuz und quer durch Mosambik, um alle Gemeinden zu besuchen. Die Wegstrecke war nicht ganz ungefährlich. Teilweise waren sie auf Flüssen unterwegs, in denen Krokodile auf Beute warteten. Gleichzeitig ging Heidi in den Norden des Landes, nach Beira, wo sie zukünftige Pastoren unterrichtete.

In der Vergangenheit waren alle wichtigen Gemeinden und Gemeindedienste in der Nähe der großen Städte angesiedelt gewesen. Doch nun entstanden überall Gemeinden, auch im Landesinneren, wo siebzig Prozent der Bevölkerung lebten.

Die neuen Pastoren baten immer wieder um weitere Schulungen, bis die Bakers schließlich in einem der Schlafsäle eine einfache Bibelschule starteten. Zuerst kamen zwölf Pastoren, dann fünfzig, neunzig, hundertzwanzig… es wurden immer mehr. Die jungen Pastoren ließen ihre Familien zurück, um sich drei Monate lang intensiv für ihren geistlichen Dienst ausrüsten zu lassen.

Ein glücklicher junger Pastor empfängt sein Bibelschulabschlusszeugnis.

Totenauferweckungen

Eines Tages fühlte sich Heidi vom Heiligen Geist geleitet, über den jungen Pastoren in der Bibelschule zu prophezeien, dass Gott durch sie auch Tote auferwecken würde. Dann forderte sie die Gruppe auf, jedes Mal, wenn sie einen Toten sahen, für ihn zu beten. Und tatsächlich – Tote wurden lebendig! Hier nur einer der vielen Berichte:

„Vor Kurzem leitete Gott einen Bruder aus meiner Gemeinde und mich, drei Tage lang zu fasten und zu beten. Wir aßen und tranken nichts. Am zweiten Abend unseres Fastens kam ein Mitarbeiter der Gemeinde zu uns und erzählte, dass seine Frau gerade gestorben sei. Ich gab meiner Frau und einigen anderen den Auftrag, alles für die Beerdigung am nächsten Tag vorzubereiten und ging mit ihm nach Hause. Alle weinten. Plötzlich war in mir ein mutiges Gebet: ‚Gott, ich bitte dich, dass du mir jetzt die Kraft gibst, ein Wunder zu tun.'"

Warum sollten wir keine Wunder tun?

„Ich erinnerte mich an die Wunder, die Petrus tat. Warum sollten wir das nicht auch können? Also stand ich auf. Ich spürte, wie eine große Kraft in mich kam. Dann sagte ich allen, sie sollten jetzt ruhig sein und aufhören zu weinen. Aber die Leute hörten gar nicht auf mich. Ich sagte noch einmal: ‚Bitte beruhigt euch, seid leise.' Endlich wurden sie ruhig. Wir sangen und beteten Jesus an. Dann spürte auch mein Freund Francisco Gottes Kraft. Ich trat nahe an die Tote heran, nahm das Tuch weg, das über ihrem Kopf lag, und fing an zu beten. Ich betete über eine Stunde. Sie war eiskalt. Während ich die zweite Stunde betete, spürte ich, wie sie langsam warm wurde, ihr ganzer Körper wurde warm. Nur die Füße waren noch kalt. Dann nahm ich sie auf den Arm. Da öffnete sie die Augen. Sie fing an, sich heftig zu übergeben. Ich sagte einer Frau: ‚Komm, setz dich hierher und halte sie fest.' Inzwischen konnte sie wieder sehen. ‚Lasst uns weiterbeten', sagte ich zu den anderen. Nun wurden auch ihre Füße warm. Wir beteten noch eine Weile. In der dritten Stunde unseres Betens konnte sie ihren ganzen Körper wieder bewegen. Aber sie sprach noch nicht."

Ins Krankenhaus?

„Einige Männer wollten sie jetzt ins Krankenhaus bringen. Ich sagte: ‚Nein. Ihr habt sie nicht ins Krankenhaus gebracht, als sie gestorben ist. Warum wollt ihr sie jetzt dorthin bringen? Es ist besser, wir gehen in die Gemeinde. Seht sie doch an, sie lebt!' Nun herrschte eine große Verwirrung unter den Leuten. Ich fing an, mir Sorgen zu machen, und ich betete, dass Gott mir Kraft geben würde, jetzt die Gemeinde zu leiten. Gott wollte an dieser Frau seine Herrlichkeit zeigen, aber ich war mir nicht sicher, ob er sie danach wieder zu sich nehmen würde. Da sagte ein kleines Mädchen, das zu unserer Gemeinde gehörte: ‚Sie muss in die Gemeinde gehen. Im Krankenhaus würde sie sterben!' Alle waren still. Wir wussten, dass Gott durch dieses Mädchen zu uns geredet hatte. Also trugen wir sie zur Gemeinde. Es war Samstag und wir verbrachten die ganze Nacht im Gebet. Dann fing sie an zu sprechen. Die Nachbarn und Freunde, die am Sonntagmorgen zum Haus der Toten kamen, wunderten sich, wo der Leichnam war.

So kamen alle in die Kirche. Ihr Mann kam sofort zum Glauben an Jesus. Am Sonntag nach dem Gottesdienst wurde die Frau von vielen Verwandten und Nachbarn nach Hause begleitet. Dieses große Wunder hat bewirkt, dass unsere Gemeinde sehr gewachsen ist. Die Frau war an Aids gestorben. Im Krankenhaus hatte man ihre Behandlung abgelehnt, weil Aids so ansteckend ist. Aber jetzt lebt sie! Ihre fünf Kinder und alle ihre Verwandten sind gläubig geworden und gehen in die Gemeinde."[13]

---

13 Aus dem Buch „Always Enough: God's Miraculous Provision among the Poorest Children on Earth" von Heidi und Rolland Baker, 2003, S. 74-75.

Surpresa Sithole (rechts) hat neunzig Gemeinden gegründet und organisatorisch mit den Kinderzentren der Bakers zusammengebracht. Pastor Rego (links) ist der Pastor, durch dessen Gebet eine aidskranke Frau von den Toten auferweckt wurde. Pastor Joni (Mitte) betreut im Rahmen der „Gemeinschaft der Ernte" die ländlichen Gemeinden.

Zeichen und Wunder

Immer mehr Menschen wurden von den Toten auferweckt und viele Kranke wurden geheilt. So entstand eine Erweckung, die sich rasend schnell im ganzen Land ausbreitete, in dem Land, das von den Jahren unter kommunistischer, atheistischer Herrschaft geistlich ganz ausgetrocknet war.

Im Jahr 2013 gaben Rolland und Heidi Baker an, dass in den letzten Jahren in Mosambik über hundert Menschen durch Gebet vom Tod auferweckt wurden.

Im Landesinneren von Malawi: Entlang einer Straße, die in die Stadt führt, werden Waren zum Verkauf angeboten.

Kapitel 12

Cholera und Überschwemmungen

Schon früh erkannten Rolland und Heidi, dass sie einen einheimischen Pastor bräuchten, der die neu entstehende Gemeinde in Maputo leiten würde.

Als Heidi dafür betete, sah sie im Geist das Bild eines Mannes, der unter einem Baum saß. Bald darauf kam sie wirklich an einem Baum vorbei, unter dem ein Mann saß. Sie freute sich und dachte, dass dieser Mann wohl der zukünftige Pastor sein würde. Also sprach sie ihn an und fragte, warum er dort saß.

„Ich bin gerade aus dem Gefängnis entlassen worden", antwortete er. Sein Name war José. *Schade*, dachte Heidi, *dann habe ich mich wohl getäuscht*. Doch als José fortfuhr, horchte sie auf:

José im roten T-Shirt mit Duncan Smith aus Toronto im Gottesdienst auf der Müllhalde von Maputo.

„Ich denke gerade an meine Mutter. Sie hat immer dafür gebetet, dass ich Christ werde und ein gläubiges Mädchen heirate. Außerdem hat sie, so lange ich denken kann, für eine Erweckung in Mosambik gebetet. Diese zwei Dinge wollte sie erleben, bevor sie stirbt. Aber ich habe eine Menge Mist gemacht und bin schließlich im Gefängnis gelandet. Jetzt werde ich meine Mutter besuchen …“

Cholera

José wurde tatsächlich Pastor und leitete nicht nur eine Gemeinde in Maputo, sondern er wurde der verantwortliche Leiter für alle geistlichen Aufbrüche in der ganzen Region rund um die Hauptstadt. Dann heiratete er Linda. Seine Mutter erklärte: „Nun kann ich zu Jesus gehen. Ich habe die Erweckung gesehen, für die ich so lange gebetet habe, und jetzt heiratet mein Sohn eine gläubige Frau.“

José und Linda feierten ihre Hochzeit in Zimpeto. Die ganze Gemeinde war eingeladen, dazu viele Pastorenkollegen von José. Doch wie sich im Nachhinein herausstellte, war der Salat, den es bei der Feier gab, mit Cholera infiziert. In den folgenden Tagen wurden über siebzig Erwachsene und Kinder krank. Sie sollten in ein staatliches Cholera-Zelt gebracht werden, um weitere Ansteckungen zu vermeiden. Einige Gäste weigerten sich aber, in die Quarantäne zu gehen, und kehrten in ihre Dörfer zurück, woraufhin viele Menschen starben. Vierzig Hochzeitsgäste gingen in das Krankenzelt, von denen etwa die Hälfte Pastoren der neuen Gemeinden waren. Die Erkrankung war lebensgefährlich, behandelt wurde sie nicht. Die Kranken lagen auf harten Pritschen, mit einem Loch und einem Eimer darunter, um den ständigen Durchfall aufzufangen. So warteten sie auf ihren sicheren Tod.

„Sie werden auch sterben!“

Die atheistische Amtsärztin war wütend auf Heidi und ihr christliches Zentrum, von dem die Epidemie ausgegangen war. Sie kam jeden Tag nach Zimpeto, um nach der Infektionsquelle zu suchen.

„Sie sind schuld, wenn die halbe Stadt stirbt!“, schimpfte die Ärztin und deutete wütend auf Heidi. Mehrere bewaffnete Polizisten begleiteten sie.

„Sie werden auch sterben, Sie Verrückte!“, setzte sie nach.

In dieser unangenehmen, schwierigen Situation wurde Heidi plötzlich von übernatürlichem Glauben erfasst: „Von wegen! Niemand wird sterben! Diese Leute werden innerhalb von drei Tagen gesund das Zelt verlassen!“ Das war mutig. Die Amtsärztin schenkte ihr nur einen langen verächtlichen Blick.

Auge in Auge, Wange an Wange …

Heidi hatte den Eindruck, dass Gott sie in das Zelt sandte, um dort die hoffnungslosen Kranken „Auge in Auge und Wange an Wange“ zu trösten. Genau so hörte sie es in ihrem Geist. Sie gehorchte, obwohl das der sichere Weg in den eigenen Tod war.

Sie deckte sich mit Cola und Keksen ein und machte sich auf den Weg. Die Wachen am Eingang versuchten erst gar nicht sie aufzuhalten. „Hallo Mama!“, sagten sie nur.

Heidi verbrachte viele Stunden bei den Kranken, tröstete sie und erklärte, dass niemand sterben würde. Allerdings sah die Realität anders aus. Viele schienen dem Tod sehr nahe zu sein, ihre tief liegenden Augen waren nach innen verdreht, sie waren nicht mehr ansprechbar. Neben dem Durchfall gehört auch heftiges Erbrechen zu den Symptomen der Cholera. Heidi wurde mehr als einmal von Erbrochenem getroffen. Doch sie blieb dort, ohne an ihre eigene Sicherheit zu denken. Sie tat, was Jesus in dieser Situation auch getan hätte.

Am nächsten Tag wurde plötzlich ein Drittel der Patienten gesund aus dem Quarantäne-Zelt entlassen, am übernächsten Tag ein weiteres Drittel. Als am dritten Tag der letzte Patient gesund nach Hause ging, war die atheistische Ärztin wieder da. Mit gebührendem Abstand deutete sie wieder auf Heidi und stammelte: „Sie! Das ist alles wegen Ihrem Gott! Ihr Gott ist mächtig!“

Aufgrund dieses Erlebnisses entschied sich die Ärztin zusammen mit sieben weiteren Gesundheitsmitarbeiterinnen in der Klinik zu arbeiten, die inzwischen auf dem Gelände des Kinderzentrums entstanden war. Inzwischen arbeitet sie nun schon seit vielen Jahren dort.

Von den vierzig Menschen, die nach der Hochzeit Cholera bekamen und in Zimpeto geblieben sind, starb nur eine Person: die Mutter von José. Sie war bereit zu sterben und lehnte jede Behandlung ab. Eine Woche nach der Hochzeit ihres Sohnes ging sie in Frieden heim.

Eine Flut wie zur Zeit Noahs

Ein Jahr zuvor erlebte Mosambik die schlimmste Flutkatastrophe seit Menschengedenken. Drei Wirbelstürme zogen nacheinander über das Land und es hörte vierzig Tage und Nächte lang nicht auf zu regnen – genau wie zur Zeit Noahs.

Das Land hatte gerade angefangen, sich von den langen Jahren des Bürgerkriegs zu erholen, als die Wassermassen alles wieder zunichtemachten. Der Limpopo-Fluss trat über seine Ufer, Straßen wurden unterspült, Häuser weggerissen, ganze Ortschaften verschwanden von der Landkarte und die Ernte war zerstört. Als das Land endlich wieder trocken genug gewesen wäre, um etwas anzubauen, gab es kein Saatgut mehr. Es gab nichts zu essen, das Wasser war verseucht und Tausende starben.

Die restliche Welt schien von dem, was da in dem abgelegenen afrikanischen Land geschah, kaum Kenntnis zu nehmen. Die Organisationen, die Lebensmittel bringen wollten, scheiterten oft an der nicht mehr vorhandenen Infrastruktur. Aber Arco-Iris und die neu entstandenen Gemeinden stellten sich der Herausforderung und halfen, wo sie konnten.

Die restliche Welt schien von alldem kaum Kenntnis zu nehmen und die Organisationen, die helfen wollten, scheiterten an der nicht mehr vorhandenen Infrastruktur.

Hunger, nicht nur nach Brot

Rolland hatte schon 1999 eine kleine sechssitzige Cessna gekauft. Damit konnte er jetzt in Gegenden fliegen, die von der Außenwelt abgeschnitten waren. Ihm reichten auch kurze Landebahnen. Oft genug landete er an Stellen, von denen er vorher nicht wusste, wie sicher sie waren und ob er von dort auch wieder würde starten können.

Aber irgendwie ging immer alles gut. Die Menschen, die an den Landebahnen standen, sehnten sich danach, mehr von dem Jesus zu hören, der unter ihrem leidenden Volk immer noch Zeichen und Wunder tat. Oft fing Heidi gleich nach der Landung

Im Jahr 2001 erlebte Mosambik die schlimmste Flutkatastrophe seit Menschengedenken. Drei Wirbelstürme zogen nacheinander über das Land und es hörte vierzig Tage und Nächte lang nicht auf zu regnen, genau wie damals zur Zeit Noahs.

an zu predigen und neue Gemeinden entstanden, noch ehe man ins Dorf gegangen war.

Die Flut hatte die Menschen so tief erschüttert, dass Heidi, Rolland und all die neuen Pastoren überall auf große geistliche Offenheit stießen. Die Regierung war dankbar für die Hilfe der christlichen Organisationen im Land und die vielen jungen Gemeinden wuchsen schnell.

Gott wird dir ein Flugzeug schenken

Beim Gedanken an sein erstes Flugzeug erinnert Rolland sich: „Uns wurde klar, dass wir ein Flugzeug brauchten, um die Menschen im Landesinneren zu erreichen. Davor hatte ich es immer wieder mit dem Auto versucht, aber es dauerte sehr lange, war anstrengend und die Autos gingen ständig kaputt. Wir konnten keine großflächige Erweckung betreuen, wenn wir mit dem Auto zu allen Orten fahren mussten.

Eines Abends prophezeite Heidi mir: ‚Gott wird dir ein Flugzeug schenken!' Ein paar Tage später erhielt ich eine Mail, in der mir jemand schrieb, er habe Geld für ein Flugzeug überwiesen.

Einige Freunde machten sich auf die Suche und fanden in Alaska eine geeignete gebrauchte Maschine. Ich flog das Flugzeug nach Houston in Texas. Von dort wurde es per Container nach Afrika verschifft.

Von da an hielten wir ‚Buschkonferenzen' ab. Dazu flogen wir in verschiedene sehr entlegene Gegenden und sagten den Leuten, sie sollten allen erzählen, dass wir in zwei Monaten wiederkommen würden. Die Leute waren oft tagelang barfuß unterwegs und wollten unbedingt dabei sein, weil sie gehört hatten, dass Jesus in ihre Gegend käme. So haben wir das ganze Land durchkämmt und Tausende von Gemeinden gegründet."

Erweckung in Malawi

Im September 2000 flogen Rolland und Heidi ins benachbarte Malawi. Sie waren ein Jahr zuvor schon einmal für zwei Tage dort gewesen. Damals entstanden achtzehn neue Gemeinden. Inzwischen waren daraus hundert Gemeinden geworden. So schnell verbreitete sich auch in Malawi die gute Nachricht von Jesus.

In dem kleinen Flugzeug wurden ein Zelt, Schlafsäcke, eine Lautsprecheranlage, ein Generator, Lampen, Werkzeug und viel Wasser verstaut. Die Leute, die zu den Gottesdiensten kamen, waren sehr arm. Es gab in ihrer Gegend keine medizinische Versorgung, sie brachten auch kein Essen zu den Treffen mit. Aber sie hatten den allergrößten Hunger nach Gott.

Nachdem Rolland und Heidi mehrere Tage lang dort gepredigt hatten, kam der Heilige Geist so mächtig über alle, dass sie sich an das erste Pfingsten erinnert fühlten.

Pemba ist so schön, das kann nicht für uns sein

Im Jahr 2002 sprach Gott zu Heidi und sagte: „Bringt mir meine Makua-Braut."

„Wir verstanden zuerst nicht, was Gott damit sagen wollte. Dann fanden wir heraus, dass Makua mit vier Millionen Menschen der größte Volksstamm Mosambiks ist und im Norden des Landes angesiedelt ist, in Pemba, einer muslimischen Provinz", erzählt Rolland.

Bald darauf saßen Rolland und Heidi in ihrer Cessna und bewunderten aus der Luft die herrlichen Sandstrände und den tiefblauen Ozean.

„Die Landschaft war so paradiesisch, dass Heidi spontan meinte, dass das nicht sein könne, das sei zu schön.

Die kleine Cessna 206 wurde zu einem sehr wertvollen Hilfsmittel. Hier ist Rolland, der Pilot, zusammen mit einigen der leitenden Pastoren in Malawi.

Von da an kamen wir immer wieder nach Pemba, bis wir 2004 endgültig hierherzogen. Unser Zentrum, das wir im Süden das Landes aufgebaut haben, leiten seitdem unsere Mitarbeiter."

Heute ist Pemba das Hauptquartier von *Iris Global Ministries*. Neben Pemba gibt es noch vier weitere Iris-Zentren in Mosambik.

Heidi und ihre beiden Assistentinnen, die aus Schweden und Australien stammen, haben auf dem Gelände in Pemba nur ein kleines Büro. Aber es gibt eine Schule für dreitausendfünfhundert Kinder, eine Bibelschule für zweihundert Pastoren, eine Harvest-Bibelschule für vierhundert ausländische Mitarbeiter, einen großen Gottesdienstraum für dreitausend Besucher, ein Gästehaus, eine Großküche, eine Bücherei und eine Gebetshütte, weitere Büros, Wohnhäuser für Waisenkinder, für Mitarbeiter und Gäste. Ständig kommen neue Gebäude dazu, fast immer wird an irgendetwas gebaut.

„Als wir nach Pemba kamen, gab es hier nur wenige Missionare und nur ein paar kleine Gemeinden. Die Missions-Fachleute sagten uns, es sei hier ein sehr harter Boden, wir würden nur unsere Zeit verschwenden. Sie glaubten nicht, dass wir Erfolg haben würden."

Als Rolland und Heidi zum ersten Mal über die herrlichen Sandstrände und den tiefblauen Ozean flogen, um sich Pemba anzuschauen, sagte Heidi: „Die Landschaft ist so paradiesisch, das kann nicht sein, das ist zu schön.“

Weil es muslimisch ist?

„Ja, und wegen der Zauberei. Aber der Heilige Geist kam ja mit uns zusammen hierher. Er kam einfach, Gott fing an zu wirken und wir bekamen auf ganz übernatürliche Weise dieses Gelände hier.“

Was war daran übernatürlich?

„Es war das größte Grundstück, das es in Pemba überhaupt zu kaufen gab. Die Besitzer waren eine Gruppe von Muslimen aus der Stadt, mit denen wir uns angefreundet hatten. Eines Tages schlugen wir ihnen vor, das Land zu kaufen. Wie immer hatten wir kein Geld. Die Männer machten uns ein Angebot. Der Preis war viel zu niedrig. Wir stimmten sofort zu und mussten nur eine winzige Anzahlung leisten. Am nächsten Tag dämmerte es dem Geschäftsmann, dass er einen viel zu niedrigen Preis gefordert hatte. Er ärgerte sich über sich selbst und versuchte, das Ganze für den doppelten Preis von uns zurückzukaufen.

Aber wir behielten es. Heute ist es hundert Mal so viel wert.“

Kapitel 13

Willkommen in Pemba

Jugendliche aus zweiundvierzig Ländern legen Tausende von Kilometern zurück, um einen kleinen Ort namens Pemba zu besuchen. Er liegt im Norden Mosambiks, in einer der ärmsten Gegenden der Welt.

Die jungen Leute kommen aus Nordamerika, Europa, Brasilien, aus Singapur, Vietnam und Hongkong. Sogar eine Chinesin ist dabei. Dazu kommen afrikanische Christen aus Nachbarländern, die mit Langstreckenbussen angereist sind.

Sie haben hohe Reisekosten bezahlt. Viele sind Studenten und werden eines Tages angesehene Berufe haben. Doch für drei Monate wollen sie sich mit dem beschäftigen, was im Leben wirklich zählt.

Auch ältere Leute sind dabei. Manche haben ihre Stelle gekündigt, weil Gott sie hierherrief. Ehemalige Gemeindeleiter, selbst Rentner schickt Gott her.

Die Bibelschüler haben die Möglichkeit an Einsätzen tief im Busch teilzunehmen. Hier lernen sie ein ganz anderes Leben kennen.

Viele bringen ein Zelt mit, wie es auf der Packliste empfohlen wird. Für die Einsätze im Busch brauchen sie das.

Drei Monate Harvest-Bibelschule warten auf sie.

Ein neues Semester beginnt

Eine Mitarbeiterin holt sie am Flughafen in Pemba ab, die letzten paar Kilometer geht es auf der Ladefläche an der Küste entlang, salzige Luft, blaues Meer, alles fühlt sich irgendwie wie Urlaub an.

„Village of Joy“[14] steht am Eingang einer Ansammlung von Häusern, die an ein afrikanisches Dorf erinnern – nur dass es hier Straßenlampen gibt. Den Neuen werden ihre Hütten gezeigt, immer acht bis zwölf Leute teilen sich einen Raum. Ein Bett und ein Moskitonetz, mehr braucht man nicht. Drei Monate lang. Immerhin: Jede Hütte hat eine Toilette, eine Dusche und eine Kochnische, mehr als alle Hütten im Busch.

14 „Village of Joy“ bedeutet „Dorf der Freude“.

Rechts: Ein Affenbaby, dessen Mutter von hungrigen Dorfbewohnern gegessen wurde.

Bei den Einsätzen erleben die Bibelschüler auch, wie Gott Wunder tut. Hier verfolgen die Kinder eines Dorfes aufmerksam, wie Gott einen Taubstummen heilt.

Wer kein Harvest-Bibelschüler ist, wird weitergeführt zu den Hütten weiter oben am Berg. Diese Unterkünfte sind umsonst, so versteht man Gastfreundschaft hier im Camp.

„Manchmal gibt es kein Wasser und keinen Strom", werden die Neuankömmlinge gewarnt und jeder bekommt eine Rolle Toilettenpapier in die Hand gedrückt.

Die Küche ist schon zu, Essen gibt es heute nicht mehr. Aber im großen Versammlungshaus ist noch Programm. Moderne Anbetungsmusik mit afrikanischen Rhythmen erfüllt die Luft. Die Neuen schauen sich unsicher an. Manche sehen wie Hippies aus, mit Dreadlocks und Perlenschmuck, andere scheinen gerade aus dem Büro gekommen zu sein.

Einsätze und Unterricht

Nicht nur die Bibelschüler, auch die Gäste sind willkommen, am Bibelunterricht teilzunehmen. Neben dem Unterricht kann man sich ehrenamtlich in Gefängnissen und Krankenhäusern engagieren oder mit Muslimen vor der Moschee Gespräche führen. Natürlich gibt es auch noch die Waisenkinder, die auf dem Gelände wohnen und sich freuen, wenn man ihnen Zeit und Liebe schenkt. Überall gibt es die Möglichkeit, den Menschen Mosambiks zu dienen, sie zu lieben, kennenzulernen, für sie zu beten und natürlich auch praktische Hilfe zu leisten.

Fußpflege auf dem Straßenstrich

Manche Christinnen gehen an die einschlägig bekannten Plätze in der Stadt. Sie lassen sich zu ihrem Schutz von einigen Männern vom Camp begleiten. Die Frauen suchen den Kontakt zu den Prostituierten, waschen ihnen die Füße, lackieren ihre Nägel, reden und beten gleichzeitig dabei. Manche der Prostituierten sind noch Kinder. Sie wurden ihr Leben lang missbraucht. Der Dienst der Christinnen hinterlässt einen tiefen Eindruck bei ihnen. Auch die Ausländerinnen, die sich in den Staub knien, um die schmutzigen Füße zu waschen, erleben Gottes Liebe, die durch sie hindurchfließt.

In der Gebetshütte eintauchen in Gottes Gegenwart

Alles, was hier geschieht, ist freiwillig. Es gibt kein vorgeschriebenes Tagesprogramm. Statt an einem Einsatz teilzunehmen, kann man auch in eine Gebetshütte gehen. Aus einem Lautsprecher kommt immer Anbetungsmusik, manchmal sind fünfzig Leute gleichzeitig hier. Sie sitzen oder liegen, nehmen die Gegenwart Gottes auf, sie lesen die Bibel oder schreiben Tagebuch. Manche berichten auch, dass sie Visionen haben.

Die Leute beten auch gerne füreinander und empfangen dabei oft Eindrücke oder Bilder von Gott. Alles geschieht in einer Atmosphäre der Liebe, und nach dem Gebet umarmt man sich oft.

Die Gebetshütte steht auf einem kleinen Hügel im „Village of Joy". Das Büro von Heidi Baker liegt direkt daneben, im Gebäude mit den roten Lehmwänden.

Eine handgezeichnete Landkarte verschafft den Gästen einen Überblick über „Village of Joy“.

Jemand betet für einen älteren Mann und gibt den Eindruck weiter, dass Gott ihm in bestimmten Familienangelegenheiten Hilfe schenken wird. Der Mann weint. Sein Sohn hat den Kontakt zu ihm abgebrochen, seit er geschieden ist.

Oft werden auch einfach nur freundliche Sätze gesagt, wie die jüngere Frau, die eine Rentnerin anlächelt: „Du hast noch viele Jahre vor dir."

Später sagt ein Mann der Rentnerin Dinge von Gott, die mit Äthiopien zu tun haben. Er weiß nicht, dass diese Frau lange für Gott in Äthiopien war und sich nun fragt, ob ihr Dienst dort beendet ist oder nicht.

Mittendrin die Kinder

Eigentlich ist das Zentrum als ein Dorf für ehemalige Straßenkinder gebaut worden. Sie leben unter all den Ausländern, sind zutraulich und nett. „Hallo Bruder", oder „Hallo Vater", sagen sie – je nachdem, wie alt der andere ist. Sie nehmen die Hand des Gastes, lächeln ihn an und freuen sich, wenn sie in den Arm genommen werden oder sich eine neue Freundschaft entwickelt. Sie waren Straßenkinder, aber sie betteln nicht. Jesus hat sie innerlich satt gemacht und geheilt.

Das ganze Gelände ist erfüllt von einer Atmosphäre der Wertschätzung. Keiner ärgert den anderen, auch harte Worte gibt es nicht. Man ist freundlich, barmherzig, hört sich gegenseitig zu und hat Zeit.

Reis und Bohnen

Im Speisesaal trifft man sich zu den Mahlzeiten. Morgens holt sich jeder ein Brot und gesüßten Tee. Mittags gibt es Reis und Bohnen, genauso wie abends. Man holt sich seine Portion in der Küche ab. Jeden Tag gibt es das Gleiche. Die Gäste lachen darüber: „Gibt es heute Reis und Bohnen oder Bohnen und Reis?" Wir werden aufgeklärt: Das Essen enthält alles, was der Körper braucht. Es ist gewöhnungsbedürftig, aber nicht ungesund.

Zu den Mahlzeiten mischen sich die Kinder und die Gäste in einer langen Schlange vor der Küche. Jeder hat einen leeren Teller dabei. Die Kinder bekommen meistens noch etwas

Zusätzliches, oft ist es eine Banane. Dafür bekommen wir einmal pro Woche einen kleinen getrockneten Fisch und ab und zu gibt es Spinat. Sogar Hähnchenfleisch kommt gelegentlich auf den Tisch, wenn die Finanzlage es erlaubt.

Einmal hörte ich, dass es zum Reis auch Fleisch geben würde. Schnell eilte ich zur Küche, doch es gab nur gekochte Ziegenfüße und andere Knochenstücke mit Knorpel und Fett. An diesem Abend bekamen viele Waisenkinder von den Ausländern das „Fleisch".

Bibelschülerin Anja

Anja ist die Einzige aus Dänemark.

„Ich war auf einer Konferenz in Norwegen, wo Heidi Baker sprach. Sie hat mich fasziniert und ich beschloss, die nächste Gelegenheit zu nutzen, um hierherzukommen. Jetzt war es beruflich möglich, drei Monate auszusetzen", erzählt die Physiotherapeutin.

Du bist um die halbe Welt gereist, um jeden Tag Reis und Bohnen zu essen?

„Na ja, nicht ganz. Ich bin gekommen, weil ich hier Gott erleben kann. Seine Liebe ist so spürbar. Hier herrscht eine wunderbare Freiheit. Es ist nicht so wichtig, wie viel man lernt oder versteht. Wichtig ist, dass man Gott erlebt und dass Jesus mehr Raum im eigenen Leben bekommt."

Fröhliche Bibelschülerinnen verteilen Essen am Erntedankfest.

Es kommen viel mehr junge Frauen nach Pemba als Männer. Sie wohnen in getrennten Häusern und dürfen sich dort gegenseitig nicht besuchen. Aber es gibt viele Möglichkeiten, gemeinsam Dinge zu unternehmen.

So spricht es sich unter den Neuen immer schnell herum, dass es am Strand einen Verkaufsstand mit gebratenen Hähnchen gibt, auch Pizza und Cola bekommt man dort. Nur das Luxusrestaurant neben dem Camp hat den Bibelschülern den Zutritt versagt. Hier wollen die reichen Mosambikaner unter sich sein, Jugendliche in Shorts und T-Shirts sind hier nicht erwünscht.

Unterricht

Das Klassenzimmer ist auch der Gottesdienstraum: ein Dach gegen die Sonne, Matten auf dem Boden, seitlich ist alles offen – so wird es nicht zu warm.

Manchmal kommt Rolland und hält den Unterricht. Er weiß viel, hat eine enorme Erfahrung im geistlichen Dienst und kann tiefe Zusammenhänge verständlich erklären. Aber manchmal lehrt er nicht, sondern geht nur umher, legt den Schülern die Hände auf und wartet auf das, was Gott tut. Manche schwanken, andere sinken zu Boden. Ausnahmslos alle sehen sehr glücklich aus und lachen. Das steckt an, auch die Schüler, die nicht von Rolland oder Gott berührt werden, lachen mit. Das Ganze ist sehr entspannt, es gibt keinen Druck, man kann auch ganz nüchtern bleiben, wenn man das will.

Anja ist eine von dreihundert Bibelschülerinnen aus aller Welt.

Manche der Bibelschüler lassen sich im Ozean taufen und werden dabei vom Heiligen Geist erfüllt.

„Wenn jemand in enger Verbindung mit Gott lebt, dann werden automatisch auch Wunder geschehen …“, sagt Heidi Baker. Hier sieht man einen von elf tauben Menschen aus Malawi, die an einem Abend geheilt wurden.

Kapitel 14

Geistesgaben und Heiligkeit

Heidi, am Anfang deines Christseins hatte Heiligkeit eine große Bedeutung für dich. Wie denkst du heute darüber?

„Heiligkeit und Liebe sind für mich eng verwandt. Heiligkeit bringt Früchte hervor, und eine ihrer Früchte ist die Liebe.[15]

Wenn wir nicht in Heiligkeit und Liebe leben, dann machen die Wunder keinen Sinn. Das hat Paulus auch gesagt: ‚Selbst wenn ich all meinen Besitz an die Armen verschenke und für meinen Glauben das Leben opfere, aber ich habe keine Liebe, dann nützt es mir gar nichts‘ (1. Korinther 13,3; Hfa)."

Gehören für dich zur Heiligkeit auch bestimmte Regeln und Vorschriften?

„Heiligkeit ist der Lebensstil derer, die ein reines Herz haben. Sie werden nicht stehlen, nicht ehebrechen, niemanden berauben, sich nicht betrinken, keine Drogen nehmen. Wer ein reines Herz hat, macht so etwas einfach nicht. Dazu gehört auch unser Kleidungsstil. Wir sollen Gott mit unserem Aussehen ehren und uns nicht so anziehen, dass es andere ablenkt oder provoziert. Wenn wir auf den Heiligen Geist hören, dann wissen wir, was richtig ist. Das hat für mich oberste Priorität."

Aber für die Bibelschüler auf dem Gelände hier gibt es trotzdem ein paar Regeln.

„Ja, aber diese Regeln haben etwas mit der Kultur zu tun. Für die Mosambikaner ist es normal, dass die Knie bedeckt sind. Deshalb bitten wir die Frauen, das auch zu tun. Es gehört zur Höflichkeit, dass man die Landeskultur respektiert und Rücksicht auf die Einheimischen nimmt."

In manchen Gemeinden erleben die Christen Gottes Gegenwart in den Gottesdiensten und sind dabei voller Freude, aber sie werden nicht gelehrt, dass sie ihr Leben auch verändern sollten. Ist Lehre nicht auch wichtig?

„Natürlich, Lehre ist sogar sehr wichtig. Wir müssen den Christen von der Heiligkeit und von der Charakterveränderung erzählen, aber auch von der Liebe.

---

15 Galater 5,22 f. (Hfa): „Dagegen bringt der Geist Gottes in unserem Leben nur Gutes hervor: Liebe und Freude, Frieden und Geduld, Freundlichkeit, Güte und Treue, Besonnenheit und Selbstbeherrschung."

Wer seinen Nächsten liebt, der wird ihm auch etwas zu essen bringen, wenn er Hunger hat. Wer seinen Ehepartner liebt, wird nicht fremdgehen. Wer die Menschen liebt, wird sich respektvoll verhalten.

Heiligkeit muss im Herzen passieren und wir müssen auf jeden Fall auch darüber lehren."

Hat Jesus das gemeint, als er sagte: „Am Tag des Gerichts werden zwar viele sagen: ‚Aber Herr, wir haben doch als deine Propheten das weitergesagt, was du selbst uns aufgetragen hast! Wir haben doch in deinem Namen Dämonen ausgetrieben und mächtige Taten vollbracht!' Aber ich werde ihnen antworten: ‚Ich kenne euch nicht'…" (Matthäus 7,22 f.; Hfa)?

„Ja, wer keine Liebe und keinen guten Charakter hat, der kann trotzdem gewaltige Gaben haben und große Wunder tun. Wir kennen Pastoren, die haben Tote auferweckt, aber dann haben sie sich eine zweite Frau zugelegt oder Geld gestohlen. Trotzdem geschahen immer noch Wunder, wenn sie beteten, obwohl sie nicht mehr mit Jesus lebten. Das ist seltsam, aber es stimmt. Die Bibel sagt, dass Gott die Gaben, die er einmal ausgeteilt hat, nicht mehr zurücknimmt.[16]

Gaben sind wichtig, aber sie beeindrucken uns nicht. Wir suchen Menschen mit einer innigen Beziehung zu Gott, in denen die Liebe Jesu sichtbar wird. Die Wunder kommen, wenn die Nähe zu Gott und die enge Verbindung mit Jesus gelebt wird."

16 Römer 11,29 (Hfa): „Denn Gott fordert weder seine Gaben zurück, noch widerruft er die Zusage, dass er jemanden auserwählt hat."

Kapitel 15

Frauen im vollzeitigen Dienst für Gott

Du und dein Mann, ihr führt beide ein sehr Gott hingegebenes Leben. Meistens stehst du im Rampenlicht, während Rolland eher hinter den Kulissen arbeitet. Ist das ein Problem in eurer Ehe?

„Nein, damit haben wir kein Problem. In Bezug auf die Mission haben wir eine vollkommen übereinstimmende Meinung. Aber wir haben unterschiedliche Persönlichkeiten. Ich kann gut reden und mache das auch gerne. Mir fällt es leicht, neue Sprachen zu lernen. Rolland hingegen fühlt sich am wohlsten, wenn er englisch sprechen kann. Er ist unser einziger Pilot hier und übernimmt alle Flüge. Außerdem ist er ein hervorragender Fotograf. Alle Fotos auf unserer Homepage sind von ihm. Auch für das Schreiben ist er zuständig. Er ist Theologe und ein fantastischer Lehrer. Sein Unterricht ist für uns hier sehr wichtig. Er kann auch leidenschaftlich predigen. Vor Kurzem hat er seine Dissertation abgeschlossen. Jetzt haben wir beide einen Doktortitel.

Ohne Rolland würde es diese ganze Arbeit nicht geben. Seit vielen Jahren ist er der Vorsitzende des Ganzen. Er muss viel am Computer arbeiten. Wir setzen uns beide gleich viel ein, wir haben nur unterschiedliche Aufgaben."

Gibt es hier in euren Gemeinden in Mosambik auch Pastorinnen?

„Ja, aber nicht viele."

Hat das mit der Kultur zu tun?

„Ich denke, dass Gott einfach weniger Frauen in den Dienst beruft. Eigentlich können Frauen gut Gemeinden leiten, warum nicht? Ich habe ganz unten angefangen, bei den Ärmsten der Armen. Damals war ich sechzehn und ich predigte den alten, drogenabhängigen Obdachlosen. Damit hatte nie jemand ein Problem.

Aber ich habe nie versucht, in die Gemeinde von anderen zu gehen und dort zu predigen. Ich ging in die Mission zu den armen, sterbenden Menschen. Mir hat nie jemand gesagt: ‚Lass das, du bist eine Frau!' Man hat mich einfach machen lassen. Ich war ja bei den Menschen, mit denen ohnehin niemand etwas zu tun haben wollte.

Mir ging es nie darum, bekannt zu werden; ich habe nur versucht, Jesus zu dienen.

Ich bin keine Frauenrechtlerin, die Gleichberechtigung ist mir egal. Ich gebe mein Leben für andere. Man kann mich nicht unterdrücken, denn ich bin freiwillig ganz unten.

Um Jesu willen gebe ich mich selbst ganz auf. Wenn er sagt, ich soll predigen, dann tue ich das. Aber ich versuche nicht, für mich oder meine Rechte zu kämpfen. Ich versuche nur, auf Gott zu hören. Aus dieser niedrigen Position heraus leite ich. Gott hat mir gesagt, dass ich es so machen soll."

Paulus hat geschrieben, dass die Frau in der Gemeinde schweigen soll. Meinst du, das galt nur für damals in Korinth?[17]

„Ja, ganz klar. In der Gemeinde in Korinth ging alles drunter und drüber. Die Frauen unterhielten sich quer durch den Raum, schrien herum, haben Götzen verehrt – es war ein richtiges Chaos. Deshalb sagte Paulus, sie sollten nicht lehren. Dieser Brief richtet sich an die Korinther der damaligen Zeit.

Ich selbst habe damit keine Probleme. Als ich sechzehn war, hörte ich eine Stimme, die mir sagte, ich solle Predigerin und Missionarin werden. Ein Prediger predigt eben.

17 1. Korinther 14,33 f. (Hfa): „Wie in allen Gemeinden sollen auch bei euch die Frauen in den Gottesdiensten schweigen und dort nicht das Wort ergreifen. Stattdessen sollen sie sich unterordnen, wie es schon das Gesetz vorschreibt."

Heidi betet für alle nach dem Vormittagsgottesdienst in Pemba.

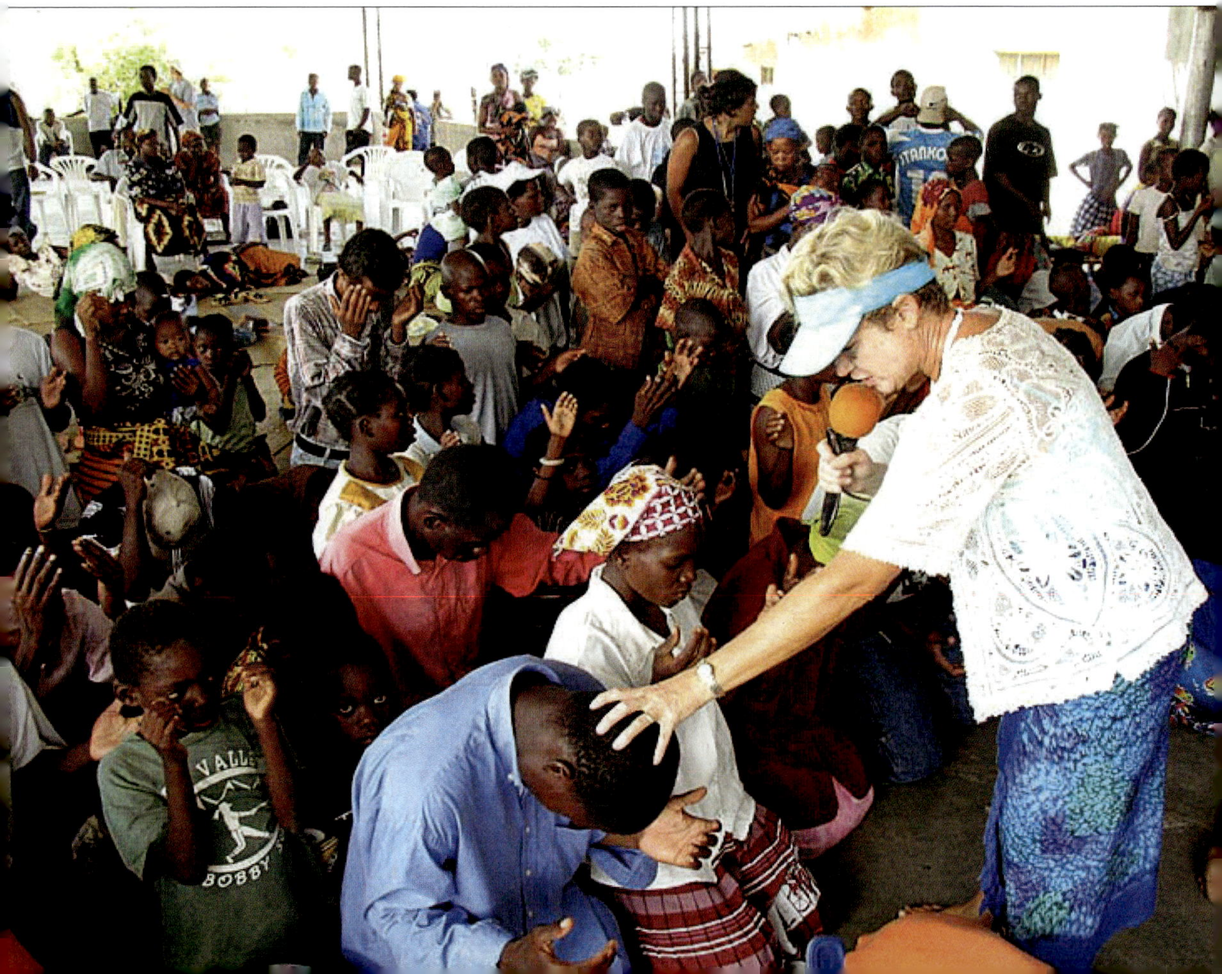

Ich hatte bis dahin nie eine Frau gesehen, die gepredigt hätte, aber ich tat es, weil Gott mich dazu berufen hat. Ich predigte aber auf der Straße, nicht in den Gemeinden anderer Leute. Ich hatte meinen eigenen Predigtdienst."

Dürfen bei euch auch Frauen Gemeinden leiten?

„Ja. Aber es gibt nur wenige, die das wollen. Von den zehntausend Gemeinden, die wir jetzt haben, werden etwa fünfzig von Frauen geleitet. Die sind aber alle verheiratet und ihre Männer helfen auch mit. Ich arbeite ja auch mit Pastor José zusammen."

Haben die Pastorinnen keine eigene Verantwortung?

„Doch, sie können Verantwortung übernehmen. Aber oft hilft ihnen ihr Mann bei ihrem Dienst."

Wurdest du jemals dafür angefeindet, dass du als Frau predigst?

„Nein … doch, einmal, an der Uni in London. Eine Professorin war radikale Feministin und ziemlich wütend auf mich. Sie schrie mich an: ‚Du bist die erste Frau an diesem Institut, du musst deine Dissertation über Frauenrechte machen.‘

Aber ich erwiderte: ‚Darüber werde ich ganz sicher nicht schreiben, nachdem ich selbst alle meine Rechte aufgegeben habe.‘

Das war damals eine große Aufregung am King's College, bis schließlich ein Professor einschritt und mich über das schreiben ließ, was ich wollte.

Ansonsten hatte ich nie Probleme damit, eine Frau zu sein. Ich habe nie versucht, etwas zu erreichen. Eigentlich habe ich fast immer unter den Armen gearbeitet."

Familienleben in der Mission

Du hast eine sehr große Familie mit vielen Kindern, um die du dich kümmerst. Wie ging es deinen eigenen Kindern Elisha und Crystalyn dabei?

Seit die Erweckung in Mosambik begann, heiraten die Paare und bleiben zusammen. Hier vollzieht Heidi eine Trauung in einer abgelegenen Gemeinde.

Crystalyn mit ihrer Mutter und einigen der vielen Kinder, die auch Teil der Familie geworden sind.

Links: Heidi tauft eine ältere Frau in dem einzigen Wasserloch in dieser Gegend.

„Am Anfang fiel es ihnen schon schwer, ihre Mama mit so vielen anderen Kindern zu teilen. Einmal beklagte sich Crystalyn: ‚Du liebst die Waisenkinder mehr als mich!' Ich widersprach: ‚Nein, nein, ich habe euch alle lieb. Aber du, du bist mein Liebling.' Dazu nahm ich sie fest in den Arm. Inzwischen haben wir Enkelkinder und versuchen, eine enge Beziehung zu ihnen zu haben. Wir telefonieren jede Woche mit ihnen, manchmal sogar zwei- oder dreimal pro Woche. Sie besuchen uns jedes Jahr und bleiben oft zwei Monate bei uns. Wir stehen uns sehr nahe und besuchen sie auch. Mein Sohn Elisha lebt in Oxford, wo er Theologie studiert. Wir sind sehr stolz auf ihn. Crystalyn lebt in Los Angeles und leitet Iris Media. Mit ihrem Mann zusammen hat sie eine Worship-Band gegründet, die auch immer wieder hierherkommt. Sie ist sehr erfüllt von Jesus und sie ist dankbar für ihre ganz besondere Kindheit."

Wenn du die Zeit noch einmal zurückdrehen könntest, würdest du in Bezug auf deine Kinder etwas ändern?

„Wahrscheinlich würden Rolland und ich mehr Zeit mit ihnen verbringen, solange sie noch klein sind. Aber wir versuchen, das jetzt wiedergutzumachen.

Gott hat in unserer Familie ein Wunder getan, als wir in Toronto waren. Da sind Rolland und ich unserem Gott als Vater begegnet, das hat uns beide sehr verändert, gerade auch in Bezug auf unsere Familie. Wir dachten bis dahin immer, wir müssten die Familie opfern. Unser Grundgedanke war: ‚Diene Gott und er wird für deine Kinder sorgen.' Aber dort in Toronto zeigte Gott uns, dass wir mehr füreinander da sein sollten, und zwar wir vier, mein Mann, ich und unsere beiden leiblichen Kinder. Es durfte sich nicht alles immer nur um andere Menschen drehen.

Damals haben wir unser Leben geändert. Gott hat uns innerlich geheilt und es wurde viel für uns gebetet. Ohne dieses Wirken Gottes in uns wären wir nicht da, wo wir heute sind. Diese Korrektur war sehr wichtig. Wir waren sehr traurig darüber, dass wir uns nicht mehr Zeit für unsere Kinder genommen hatten."

Manche Missionarskinder sagen, sie hätten unter dem Dienst ihrer Eltern gelitten.

„Wir haben unsere Kinder so erzogen, dass sie gerne alles geteilt haben. Woche für Woche kamen zehn oder zwölf neue Kinder zu uns. Nachdem wir sie geduscht hatten, gingen wir mit ihnen zum Kleiderschrank unserer Kinder und schauten, was wir abgeben konnten. Eines Tages sagte Elisha: ‚Mama, ich habe nur noch zwei T-Shirts, aber das macht nichts. Nimm eines davon, ich komme damit klar.' Weil er so selbstlos war, sorgte Gott dafür, dass er immer genug zum Anziehen hatte. Jetzt hat Gott ihm sogar Menschen geschenkt, die sein Studium in Oxford finanzieren. Wir als Eltern hätten ihm das niemals ermöglichen können.

Eines Tages brachte ich ein Mädchen namens Beatrice mit nach Hause. Ihre Hände und Füße waren voller Würmer, ihr Bauch war aufgebläht, sie war von ihren Onkeln vergewaltigt worden und hatte ein total verquollenes Gesicht. Meine Tochter und ich waren dabei, als sie sich wusch. Da sagte mein Mädchen: ‚Mama, Beatrice soll mein schönstes Kleid haben.' Damals hatte sie nur drei Kleider. Das war wunderbar. Die kleine Beatrice hat das nie vergessen. Sie ist inzwischen erwachsen und hat eigene Kinder und sie liebt Jesus.

Unsere Kinder waren nie egoistisch. Sie waren dankbar dafür, Missionarskinder zu sein."

Kapitel 16

Mit Heidi arbeiten

Manchmal ist es enttäuschend, wenn man bekannte christliche Persönlichkeiten näher kennenlernt. „Wie ist das bei Heidi?“, fragte ich Marta. Als ich in Pemba war, lernte ich sie als Assistentin von Heidi Baker kennen. Sie ist siebenundzwanzig Jahre alt und kommt aus Schweden.

„Es macht Spaß, für Heidi zu arbeiten. Sie hat pro Tag mehr Ideen als andere Leute in einem ganzen Jahr“, erklärt sie und lacht.

„Jeden Tag gibt es neue, riesige Herausforderungen. Aber Tag für Tag erleben wir Gottes überwältigende Gnade, weil Heidi sich immer wieder auf das Unmögliche einlässt.

Manche denken vielleicht, dass wir von morgens bis abends nur die Gegenwart Gottes genießen. Aber das stimmt nicht. Wir arbeiten hart, viele Stunden täglich.“

Wie ist es für Heidi zu arbeiten?

„Sie ist sehr optimistisch und visionär. Dabei denkt sie auch an die Kleinigkeiten und kümmert sich darum. Wenn jemand sie bei einer Veranstaltung übersetzt, dann schreibt sie dieser Person eine Dankeskarte. ‚Liebe ist praktisch‘, sagt sie immer. Wenn sie etwas will, dann lässt sie nicht locker. Sie gibt nie auf.“

Gott berief sie in einem Traum

2006 war Marta Söderberg in Brasilien und arbeitete dort mit Kindern. Danach wollte sie in Schweden ihr Politikstudium abschließen.

„Wenn Heidi etwas will, dann lässt sie nicht locker. Sie gibt nie auf“, erzählt ihre Assistentin Marta.

„Eigentlich wollte ich nach dem Studium wieder nach Brasilien gehen. Aber dann hatte ich einen kurzen, intensiven Traum. Ich hörte den Satz: ‚Du bist auf der Warteliste für Mosambik.'

Im selben Augenblick wusste ich, dass Mosambik in meinem zukünftigen Leben eine wichtige Rolle spielen würde", erklärt Marta.

Seit sie sechzehn ist, kennt sie die Geschichte von Heidi Baker. Deshalb war ihr bei dem Stichwort Mosambik gleich klar, dass sie Teil der Arbeit von Heidi Baker werden würde.

„2009 war ich dann für drei Monate dort und nahm an vielen Einsätzen teil. 2012 habe ich meinen Studienabschluss geschafft und wurde Heidis Assistentin. Im Moment habe ich mich für zwei Jahre verpflichtet, aber dabei wird es wohl nicht bleiben", lächelt Marta, die wie alle anderen Mitarbeiter von christlichen Freunden aus der Heimat finanziert wird.

Zu Hause bei Heidi

Eines Abends laden die Bakers einige der Gäste zu sich nach Hause ein. Sie wohnen in einem ganz gewöhnlichen Haus, ein paar Kilometer vom Camp entfernt. Es gibt keinerlei Luxus bis auf die malerische Lage direkt am Meer. Heidi und Rolland kauften das

Am Wochenende laden Heidi und Rolland oft ein paar ihrer Pflegekinder zu sich nach Hause ein.

Grundstück vor Jahren, als Pemba eine unbekannte, sehr billige Gegend war. Heute ist Pemba eine schnell wachsende Stadt, unweit der Küste wurden große Öl- und Gasvorkommen im Meer entdeckt. Wenn es so weitergeht, wird die ehemals sehr arme Provinz Cabo Delgado bald eine der wohlhabendsten Gegenden des ganzen Landes sein.

Heidi begrüßt alle mit einer herzlichen Umarmung, stellt Fragen und zeigt viel Interesse für jede einzelne Person. Wir sind etwa fünfundzwanzig Leute und gemeinsam feiern wir Rollands Geburtstag. Trotzdem bleibt Rolland im Hintergrund, so wie man es von ihm kennt. Er redet mit den Leuten, hat ein iPad in der Hand und zeigt seine atemberaubenden Fotos. Später legt er den anwesenden Kindern die Hände auf und segnet sie.

Wir sitzen im Garten, es gibt Hähnchen und Cola. Ich lerne einige der Langzeitmitarbeiter kennen, die einen nicht weniger erstaunlichen Dienst als die Bakers tun. Zuerst rede ich mit einem Arzt aus Norwegen, dann mit Rollands Schwester und ihrem Mann, die gemeinsam eines der anderen Iris-Kinderzentren leiten, danach komme ich mit einer australischen Missionarin ins Gespräch, die weit entfernt im Norden des Landes irgendwo in der Wildnis lebt.

Ein besonderer Missionar

Dann erzählt mir ein Mann namens Archie seine Geschichte. In seiner Kindheit kümmerte sich keiner um ihn. Er lernte nie lesen und schreiben. So geriet er in ein Leben mit Alkohol und Drogen, bis er schließlich einige Christen traf. Sie halfen ihm an Jesus zu glauben und von allen Bindungen frei zu werden.

Er heiratete und nun ist er mit seiner Frau zusammen in der Mission tätig. Im fernen Norden Mosambiks sind sie in den islamischen Dörfern unterwegs. Seine Frau predigt und er kümmert sich um alle praktischen Angelegenheiten.

Engel als Leibwächter

„Komm, Rosalyn, erzähl doch mal, was wir erlebt haben“, fordert er seine Frau auf. Sie schildert ihren Einsatz in einem Dorf, bei dem viele Menschen geheilt wurden und sich für den Glauben an Jesus entschieden.

„Wenn wir abends in unser kleines Zelt kriechen, beten wir immer um Gottes Schutz. An einem Abend betete ich besonders dafür, dass Gott seine Engel um unser Zelt stellen sollte. Eingehüllt in tiefen Frieden schlief ich sehr fest, weil ich mich so sicher und geborgen fühlte.

Am nächsten Morgen wurde ich von aufgeregten Stimmen geweckt. Ich kroch aus unserem Zelt, um zu sehen, was los war. Rund um das Zelt waren Blutspuren und die Dorfbewohner hatten Angst, dass wir umgebracht worden wären. Die Blutspur führte uns direkt zur Hütte des Medizinmannes. Die Tür war versperrt, doch die Männer aus dem Dorf brachen sie auf. Der Medizinmann saß voller Angst in einer Ecke und hielt seinen blutenden Arm in die Höhe. Er gab zu, dass er zusammen mit anderen Medizinmännern vorgehabt hatte, einen Fluch auf uns zu legen, um die Ausbreitung des Christentums zu stoppen. Doch plötzlich standen ihnen zwei weiße Gestalten mit gezückten Schwertern gegenüber. Sie verletzten den Medizinmann am Arm, woraufhin alle anderen Medizinmänner flohen.

Er hatte eine große Wunde am Arm und viel Blut verloren.

Der Medizinmann verbrannte sämtliche Zaubergegenstände und ließ sich taufen. Alle im Dorf konnten sehen, dass Jesus stärker war als die finsteren Mächte. Sie erzählten in den umliegenden Dörfern davon, und seitdem werden immer mehr Leute Christen. Durch die übernatürlichen Dinge, mit denen Gott unsere Predigten bestätigt, kommen viele Menschen zum Glauben. Es sind schon Tausende von neuen Gemeinden entstanden und es werden ständig mehr."

Man geht davon aus, dass im Norden des Landes zweitausendsiebenhundert Gemeinden entstanden sind, im ganzen Land sind es insgesamt etwa zehntausend.

Die Erweckung breitet sich schnell aus und greift auch auf die Nachbarländer Mosambiks über.

Kapitel 17

Mittagessen mit Rolland

Während Heidi mit Marta nach Schweden geflogen ist, hat Rolland Zeit, mit mir zusammen zu Mittag zu essen. Teile dieses Gesprächs sind über das ganze Buch verteilt.

So viele Leute hier in Mosambik erleben Gottes Berührung körperlich, ich beobachte das unter den Einheimischen ebenso wie unter den Bibelschülern. Woran liegt es, dass manche nichts spüren – damit meine ich auch mich selbst!

„Weißt du, egal welche dramatischen Begegnungen man mit Gott hat: Das ist noch keine Aussage darüber, wie gut man ihn kennt. Man kann am Boden liegen, weinen und lachen und trotzdem später nicht mehr mit Gott leben wollen. Ich habe beobachtet, wie Leute, die Gottes Kraft auf beeindruckende Weise erlebt haben, ein oder zwei Jahre später kaum noch gläubig waren."

Kann man sich von Gott abwenden, nachdem man ihn so stark erlebt hat?

„Ja, leider. Man muss tief mit Gott verbunden sein, um ihm treu bleiben zu können."

Aber wer von Gottes Kraft so erfasst wurde, kann danach doch nicht mehr leugnen, dass es Gott wirklich gibt, oder?

„Doch. Selbst Leute, die bei Totenauferweckungen dabei waren, werden deshalb nicht automatisch starke Christen. Eine Frau, die Gott hier intensiv erlebt hat, ist heute Atheistin und setzt sich dafür ein, Menschen vom Glauben abzubringen."

Das ist schwer zu verstehen …

„Bei manchen Menschen verändert sich ihr ganzes Leben, nachdem sie Gott so intensiv erlebt haben. Bei anderen ist nach ein paar Wochen schon wieder alles wie früher, als wäre nie etwas gewesen."

Ich hätte Gott gerne auch mehr erlebt und hatte gehofft, dass ich nach meiner Zeit hier geistlich viel lebendiger wäre. Aber wenn für mich gebetet wird, spüre ich überhaupt nichts.

„Gott geht mit jedem Menschen einen eigenen Weg. Ich habe manchmal sehr emotionale Zeiten in Gottes Gegenwart, aber diese körperlichen Auswirkungen erlebe ich selbst auch nicht. Ich spüre kein Kribbeln und keine Hitze … Obwohl andere manchmal Gott sehr stark spüren, wenn ich ihnen die Hände auflege. Für sie ist es wie ein Stromschlag, während ich gar nichts spüre."

Also kommt das auf den Einzelnen an, was er in Gottes Gegenwart erlebt?

„Ja, zum Teil, es kommt aber auch auf Gott an. Er entscheidet, was für jeden richtig ist. Aber es spielt keine Rolle, ob du im Gottesdienst eine Gänsehaut hast oder nicht. Wichtig ist, dass dein Herz bewegt ist. Gott liebt jeden so, wie es für den Einzelnen am besten ist.

Aber du kannst ihn darum bitten, dir mehr Erfahrungen mit seiner Kraft zu schenken."

Wie ist es für dich, dass deine Frau Gott so intensiv erlebt?

„Heidi hat sehr starke körperliche Erfahrungen, sie hat Visionen und sieht Engel. Sie ist eine starke Frau Gottes und ich bin froh, dass es so ist. Ich möchte keine andere, schwächere Frau haben.

Aber für uns beide gilt, dass uns die Beziehung zu Jesus wichtiger ist als die Beziehung zum Partner. Wenn Ehepartner sich voneinander abhängig machen, statt von Jesus abhängig zu sein, entstehen viele Probleme. Das wollen wir nicht."

Rolland mit seiner Schwester Lorena. Zusammen mit ihrem Mann arbeitet sie auch unter dem Dach von Iris Global Ministries in Mosambik.

Rolland zwischen dem Autor und einer englischen Lehrerin.

Gab es auch Zeiten, in denen du damit Mühe hattest, dass Heidi so radikal ist?

„Nein, ich bin ja auch radikal. Ich würde keine ängstliche, konservative Frau wollen. Es war mir von Anfang an klar, dass ich keine Partnerin habe, die immer in meiner Nähe ist und mich umsorgt. Die Hälfte unseres Lebens verbringen wir getrennt. Auch wenn Heidi hier ist, sehen wir uns nicht oft.

Ich habe mich bewusst dafür entschieden, diese Frau mit dieser Berufung zu heiraten. Ich wusste, dass sie nicht oft für mich kochen und mir Gesellschaft leisten würde."

Du bist sechsundsechzig geworden. Hast du vor, in Rente zu gehen?

„Mein Opa hat bis zu seinem letzten Lebenstag auf den Straßen Chinas gepredigt. Er starb mit neunzig, ohne jemals bei einem Arzt gewesen zu sein. Ich habe mir vorgenommen, einfach weiterzumachen, zu lehren, zu predigen und zu schreiben. Aber viele andere Dinge, die ich früher gemacht habe, erledigen jetzt andere. Darüber bin ich froh.

Am Anfang, als wir noch kein Team hatten, musste ich mich um alles kümmern: Büroarbeit, Buchhaltung, Soundsystem, Fotografie, Filme, Rundbriefe, Autos reparieren, Häuser bauen – alles! Heute mache ich nur noch das, was ich besser kann als die anderen."

Was machst du am liebsten?

„Lehren. Am liebsten leite ich die Leute dazu an, in Gottes Nähe zu leben. Ich möchte sie mit Jesus bekannt machen und sie einladen, in eine tiefe Beziehung mit ihm zu treten. Die Lehre ist sehr wichtig, sonst verlieren die Erfahrungen mit Gottes Kraft schnell ihre Wirkung. Ich lehre gerne über Heiligkeit, Disziplin, Selbstbeherrschung, Charakterfestigkeit, Treue, Gottvertrauen, leben in der Abhängigkeit von Jesus – diese Dinge möchte ich fördern."

Du wirst auch oft als Sprecher zu Konferenzen eingeladen.

„Ja, aber ich schreibe lieber. Die meiste Zeit meines Lebens bin ich gereist und habe gesprochen. Aber was ich sage, verpufft schnell. Es ist besser, die Dinge schriftlich weiterzugeben.

Vor zwanzig Jahren wurde mir prophetisch gesagt, dass ich ein Schriftsteller der Erweckung sein werde. Damals kannte uns keiner.

Diese Doktorarbeit, die ich geschrieben habe, ist so ein Buch, wie ich es mir vorstelle. Ich möchte nicht nur Biografisches schreiben und unsere Erlebnisse erzählen, sondern die Theologie darlegen, die wir in der Praxis gelernt haben und ständig anwenden."

Du hattest ein sehr bewegtes Leben.

„Das stimmt, und das wird auch so bleiben, weil ich immer auf die Zukunft ausgerichtet bin. Ich lebe nicht in Erinnerungen.

Fliegen und Fotografieren machen mir am meisten Spaß. Ich habe schon mit neunzehn Jahren den Flugschein gemacht. Vor einem Jahr haben wir ein größeres Flugzeug mit zehn Sitzen bekommen. Es kann viel mehr Gewicht transportieren und ist auch schneller."

Deine Fotos sind auch sehr schön.

„Bevor ich Heidi kennenlernte, war ich Fotograf. Es gab Ausstellungen mit meinen Bildern.

Schon mit acht Jahren, als wir in Taiwan lebten, hatte ich meine erste Dunkelkammer und habe meine eigenen Bilder entwickelt.

Mein Opa war auch Fotograf. Er nahm seine ganze große, schwere Ausrüstung mit, wenn er über die chinesischen Berge zog, alles wurde den Yaks[18] auf den Rücken gepackt. So hat mein Vater das Fotografieren gelernt und es mir beigebracht.

Gute Fotos sind sehr wichtig in der Mission."[19]

---

18 eine in Zentralasien verbreitete Rinderart

19 Alle Fotos in diesem Buch hat Rolland uns zur Verfügung gestellt.

Ein blindes Mädchen bekommt ein Weihnachtsgeschenk.

Kapitel 18

Laufen ohne müde zu werden

Heidi, du hast in einem deiner Bücher geschrieben, dass du nichts tun kannst, ohne in Jesu Augen zu schauen.

„Hoffentlich habe ich auch dazugeschrieben, dass Jesus uns mit den Augen der Armen anschaut? Auch während wir unsere Arbeit machen, schaut er uns an und wir können in seine Augen sehen. Darüber hinaus kann man natürlich Jesu Augen auch in einer Vision sehen. Nicht jeder hat Visionen, aber Jesu Augen muss jeder Christ sehen. Wenn ich die Armen, die Sterbenden im Arm halte, dann sehe ich ihm direkt in die Augen.

Wir müssen Jesus auf die eine oder andere Weise sehen, um zu erfassen, wer er wirklich ist."

Aber was ist dann mit den Christen, die ihn nicht sehen können?

„Jesus zeigt sich jedem anders. Vielleicht begegnet dir Jesus in einem anderen Menschen. John Wesley sprach davon, dass sein Herz ‚wunderbar erwärmt' wurde. Wie auch immer – jeder Christ muss diese Erfahrungen machen, die ganz innen stattfinden. Wenn wir zu den Armen gehen, dann ist es besonders leicht, Jesus zu begegnen. Er sagte: ‚Was ihr für einen meiner geringsten Brüder getan habt, das habt ihr für mich getan!' (Matthäus 25,40; Hfa). Deshalb ermutige ich die Leute immer, zu den Armen zu gehen. In ihnen begegnet uns Jesus."

Zu den Armen gehen

Die Arbeit der großen Kirchen in der Dritten Welt beschränkt sich oft auf Entwicklungshilfe, ohne missionarisch zu sein. Vielleicht sind deshalb viele engagierte Christen, denen das nicht gefällt, nicht mehr so interessiert am Kampf gegen Armut, sondern haben sich wieder mehr der Evangelisation und Mission zugewandt?

„Ja, das ist eine bedauerliche Entwicklung. Die Bibel lehrt uns etwas anderes. Denken wir an den Gelehrten, der Jesus fragte: ‚Was muss ich tun, um das ewige Leben zu bekommen?' Er wusste die Antwort selbst: ‚Du sollst den Herrn, deinen Gott, lieben von ganzem Herzen, mit ganzer Hingabe, mit all deiner Kraft und mit deinem ganzen Verstand. Und auch deinen Mitmenschen sollst du so lieben wie dich selbst.' Das gefiel dem Mann nicht, es war ihm zu viel und zu schwer. Also erzählte Jesus ihm die Geschichte vom barmherzigen Samariter. Am Straßenrand liegt ein Mann, der verletzt, nackt und hungrig ist. Der Priester geht vorbei, der Levit auch. Dann kommt der

Samariter, ein Geschäftsmann, den keiner leiden kann, besonders die Juden mochten die Samariter nicht. Aber gerade er schaut hin, nimmt sich Zeit, er *sieht*! Am Ende der Geschichte sagte Jesus zu dem Gelehrten: ‚Geh und folge seinem Beispiel' (Lukas 10,25-37; Hfa).

Überall in der Bibel fordert Gott seine Leute auf, den Armen, den Witwen und Waisen und den Fremden zu helfen. Jesus hat sich genau um diese Leute gekümmert und er hat die Kranken geheilt. Wir sollen so leben wie Jesus. Er kam sogar in einem Stall zur Welt."

Aber die guten Werke machen uns doch nicht gerecht…

„Nein, unsere Gerechtigkeit bekommen wir nur durch unseren Glauben an Jesu Tod und Auferstehung. Jesus ist der Weg, die Wahrheit und das Leben. Nur durch ihn kann man zu Gott kommen. Gute Werke bringen uns nicht in den Himmel, aber sie sind ein Zeichen für Gottes Liebe in uns.

Einem Christen kann es eigentlich gar nicht egal sein, wenn Menschen, die Gott liebt, in Not sind. In der Bibel steht: ‚Seht doch, wie sehr uns der Vater geliebt hat! Seine Liebe ist so groß, dass er uns seine Kinder nennt. Und wir sind es wirklich: Gottes Kinder!' (1. Johannes 3,1; GN).

An einer anderen Stelle heißt es sinngemäß: ‚Wie kann Gottes Liebe in einem Menschen bleiben, dem die Not seines Bruders oder seiner Schwester gleichgültig ist, obwohl er selbst alles im Überfluss besitzt?' (1. Johannes 3,17)."

Zeit für den Einzelnen

Viele Missionare kommen an ihre Grenzen, weil sie ständig von so vielen Menschen umgeben sind, die ihre Hilfe brauchen. Wie kannst du dieses Leben führen ohne auszubrennen?

„Man braucht Grenzen. Dieses Gelände hier ist eingezäunt. Auch jetzt gerade warten draußen Menschen auf uns, die in Not sind. Viele brauchen Hilfe. Aber wir haben einen Zaun. Nicht jeder kann hier hereinkommen.

Gleichzeitig bin ich überzeugt, dass wir uns für den Einzelnen Zeit nehmen müssen.

Wenn wir uns zuerst Zeit für Gott nehmen und uns von ihm füllen lassen, dann haben wir den Menschen etwas zu geben.

Würden alle Christen lernen so zu leben, dann gäbe es für jeden Menschen genug Zuwendung und Hilfe. Es ist falsch, dass ein Christ sich für zehntausend Menschen Zeit nehmen muss.

Über zwei Milliarden Menschen bekennen sich zum Christentum. Wenn jeder von ihnen drei oder vier Leute zum Glauben an Jesus führen würde, wäre die ganze Welt erreicht.

Wir alle sollten Jesu Liebe zu den Menschen bringen. Keiner sollte einfach nur so ziellos vor sich hin leben und sich um sich selbst drehen."

Anbetung ist keine Zeitverschwendung

Aber du warst zwischendurch auch schon sehr erschöpft von deiner Arbeit unter den Kindern – damals, bevor du nach Toronto geflogen bist.

„Ja, das stimmt, damals war ich krank. Aber dann habe ich in Jesu Augen geschaut und er hat mich gestärkt."

Hast du daher die Kraft weiterzumachen und so vielen Bedürfnissen gerecht zu werden?

„Ja, ganz klar. Alles kommt von Jesus und dem Heiligen Geist. Anbetung ist keine Zeitverschwendung. Ich nehme mir fast täglich Zeit dafür und werde jedes Mal neu erfüllt von seiner Heiligkeit und Herrlichkeit. So bekomme ich immer wieder neues Öl.

Du kennst doch das Gleichnis von den zehn Jungfrauen. Die Lampen mussten immer genug Öl haben.

Wir müssen gefüllt bleiben. Wenn wir nur geben, dann sind wir bald leer, wie ein Auto ohne Benzin.

Oder es ist wie mit dem Trinken. Wenn wir nur einmal pro Woche etwas trinken würden, würden wir verdursten. Man muss täglich trinken. Immer und immer wieder. Genauso müssen wir auch immer wieder mit dem Heiligen Geist erfüllt werden und Gemeinschaft mit Jesus haben. Es ist wichtig, dass wir ständig auf den Vater hören."

Abkühlung im Indischen Ozean nach einem heißen, arbeitsreichen Tag.

Kapitel 19

Du bist blind!

Heidi, Gott begegnet dir auf so mächtige Weise. Warum schenkt er das nicht allen Christen?

„Vielleicht liegt es daran, dass wir unterschiedliche Berufungen haben. Jeder ist in Gottes Augen genauso wertvoll wie der andere, aber er gibt uns verschiedene Aufgaben.

Oder Gott muss sich mir mehr offenbaren, damit ich ihm gehorsam bin", lacht Heidi.

„Wahrscheinlich gibt er mir viel von seiner Kraft, weil er weiß, wie schwer meine Arbeit ist. Wie auch immer – es ist seine Gnade. Ich will alles, was ich von ihm bekommen kann. Ich bete ständig: ‚Bitte, Heiliger Geist, komm und fülle mich wieder!' Ich sehne mich nach Gott, jeden Tag neu, deshalb bete ich ihn jeden Tag an. Ich will ganz nahe bei ihm sein. Jesus hat gesagt: ‚Ich bin der Weinstock, und ihr seid die Reben. Wer bei mir bleibt, so wie ich bei ihm bleibe, der trägt viel Frucht. Denn ohne mich könnt ihr nichts ausrichten' (Johannes 15,5). Als Christen können wir ohne Jesus wirklich überhaupt nichts tun. Alles, was wir ohne ihn tun, ist nichts.

Aber ich suche ihn nicht, damit ich etwas tun kann. Ich liebe ihn. Wenn Gott mir sagen würde, ich soll jetzt alle Aktivitäten einstellen und die nächsten drei Jahre in einer Höhle leben und ihn anbeten, dann würde ich das sofort tun – Rolland übrigens auch."

Streit mit Gott

Kannst du mit Gott auch diskutieren? Als Mose das gemacht hat, änderte Gott seinen Plan.[20]

„O ja, das kann ich auch. Ich habe wegen eines bestimmten Themas vier Jahre lang mit Gott herumdiskutiert. Gott hat die ganze Zeit versucht mir zu sagen, dass ich blind bin, aber ich wollte das nicht einsehen – bis ich dann nacheinander drei Frauen getroffen habe, die alle Aida hießen und blind waren.

Nachdem ein Jahr lang einfach niemand geheilt wurde, für den ich betete, heilte Gott diese Aida. Am nächsten Tag betete ich für einen Mann, der nicht geheilt wurde.

---

20 2. Mose 32,7-14 (Hfa): „Da sprach der Herr zu Mose: ‚... Versuch mich jetzt nicht aufzuhalten, denn ich will meinem Zorn freien Lauf lassen und sie vernichten! ...' Doch Mose flehte: ‚Herr, mein Gott, du hast dein Volk aus Ägypten befreit und dabei deine ganze Macht gezeigt! Warum willst du es jetzt im Zorn vernichten?' ... Da lenkte der Herr ein und ließ das angedrohte Unheil nicht über sie hereinbrechen."

Diese Afrikanerin war blind. Gerade wurde sie im Namen Jesu geheilt.

Ich musste einen Arzt aus New York kommen lassen, der seinen Tumor operativ entfernte. Am selben Tag betete ich noch für eine weitere blinde Frau. Sie hieß auch Aida und wurde geheilt. Am dritten Tag fragte ich in einem Gottesdienst, ob jemand blind sei, und eine Frau kam nach vorne. Die Kraft Gottes war so stark, die Frau fiel zu Boden und ihre Augen wurden geheilt. Sie hieß Aida!

Ich freute mich und dachte, ich kann jetzt endlich alle Kranken heilen. Doch da hörte ich Gott sagen: ‚Du bist blind!'

Ich widersprach: ‚Nein, ich bin doch nicht blind. Ich bin deine Missionarin.'

Wieder hörte ich seine Stimme: ‚Du bist blind!'

‚Nein', widersprach ich, ‚ich helfe den Armen.'

Er sagte es noch ein drittes Mal. Dann berührte mich Gottes Gegenwart stark, ich fiel zu Boden und schluchzte wie ein Kind. Ich konnte nicht mehr weiterpredigen, hatte die Augen geschlossen und schrie: ‚Gott, dann öffne mir bitte die Augen, damit ich sehen kann!' Da konnte ich plötzlich sehen – ich sah die Gemeinden im Westen, im Osten, in den Industriestaaten. Ich sah, wie dringend diese Gemeinden eine frische Berührung von Gott brauchten. Dann sah ich die verlorenen Menschen in der westlichen Welt und Gott sagte: ‚Es ist, als würden sie nur Zuckerwatte essen und Cola trinken. Geh und bring ihnen mein Brot!'

Süßigkeiten sind lecker, aber man kann davon nicht leben."

Gehe in die westliche Welt

„Ich bin nur eine zierliche Frau ohne besondere Begabungen. Wer bin ich, dass ich Gott sagen könnte, was richtig ist und was nicht? Er hat mich beauftragt, ein Drittel meiner Zeit in Asien, Europa, Amerika und Australien zu verbringen. Als ich die ersten paar Male auf Konferenzen sprach, hatte ich schreckliches Heimweh nach Mosambik. Aber Jesus hat meine Einstellung verändert. Wenn er mich zu Konferenzen schickt, dann gehe ich jetzt gerne und mit Freude dorthin.

Inzwischen spüre ich in einer Konferenzhalle die gleiche Freude, die ich sonst immer habe, wenn ich bei den Armen bin. Solange ich dort bin, wo Gott mich haben will, ist seine Freude in mir."

Was machst du mit den anderen zwei Dritteln deiner Zeit?

„Die verbringe ich hier in Mosambik. Aber vor allem suche ich Gott, egal wo ich gerade bin. Ich möchte in Zukunft jedes Jahr vierzig Tage alleine mit Gott verbringen, ohne meine Familie, auf einem Berg in Israel oder den USA."

Es ist so schön, wie du Gott hören und spüren kannst und wie er dein Leben führt. Können andere Christen so etwas auch von Gott erwarten?

„Ja!"

Aber wie bekommt man diese Beziehung zu Gott?

„Man muss Zeit investieren. Es ist, als würde man eine neue Sprache lernen. Das braucht auch viel Zeit. Ich spreche jetzt schon seit über zwanzig Jahren Portugiesisch und lerne trotzdem immer wieder neue Wörter. Ich verbringe täglich Zeit mit dem Heiligen Geist, trotzdem lerne ich immer wieder etwas Neues von ihm und manchmal verstehe ich ihn auch falsch. Dann brauche ich Leute, die mich korrigieren, genau wie wenn ich einen Satz in Portugiesisch falsch sage und mich jemand verbessert."

Wenn du Gottes Stimme gehört hast, dann fragst du andere, ob das so sein kann?

„Natürlich! Ich diskutiere das alles mit den Teams hier. Manchmal verstehe ich Gott falsch, dann entschuldige ich mich und nehme mir noch mehr Zeit mit ihm."

Meinetwegen, dann bin ich eben eine Apostelin

Ich habe gehört, dass du es nicht magst, wenn man dich Apostel nennt. Aber eigentlich bist du doch ein Apostel für Mosambik, oder?

„Stimmt, ich mag keine Titel. Aber vor Kurzem war ich auf einer großen Konferenz, wo alle mich mit ‚Apostelin' anreden wollten. Ich wehrte mich: ‚Bitte sagt doch einfach Heidi zu mir!' Aber das ging irgendwie nicht, sie nannten mich dann ‚Prophetin Heidi'.

Da gab ich nach: ‚Wenn ihr mir unbedingt einen Titel geben müsst, meinetwegen. Aber ich bin wirklich keine Prophetin. Gott hat mir eine apostolische Salbung gegeben.' In dieser Denomination war das mit den Titeln wichtig. Hier bei uns ist das anders, wir sagen nicht ‚Prophetin Antoinette' oder ‚Evangelistin Marta'.

Natürlich, wir haben einen apostolischen Auftrag hier in Mosambik, Missionare sind in der Regel immer Apostel. Aber die Leute sagen einfach ‚Mama Aida' zu mir. Das ist mein eigentlicher Titel: ‚Mama'."

Zukunftsmusik

Was wird aus Iris Global Ministries, wenn Heidi Baker nicht mehr dabei sein wird?

„Was hier entsteht, ist nicht die Organisation von Mama und Papa Baker. Die Iris-Mission gibt es jetzt in sechsunddreißig Ländern. Wir bilden junge Erwachsene aus, die Gott ihr Leben zur Verfügung stellen. Das sind Entwicklungen, die über Jahre gehen. Wir investieren alles in diese jungen Leute, die unser Erbe übernehmen werden. Jede Woche treffe ich mich mit jungen Christen aus Mosambik, denen ich helfe, in ihre Berufung hineinzuwachsen.

Rolland und ich verbringen jährlich vier bis fünf Tage mit unseren internationalen Leitern aus den unterschiedlichsten Ländern.

Außerdem sind Rolland und ich einmal im Jahr für ein paar Tage mit fünf anderen Ehepaaren zusammen, die auch große Werke im Reich Gottes leiten. Wir haben

Kakala war von Geburt an taubstumm. Hier hat sie das Mikrofon in der Hand und redet mit ihrer Freundin aus dem Dorf. Auch ihre Mutter hört sie an diesem Abend zum ersten Mal sprechen.

verabredet uns gegenseitig Rechenschaft abzulegen. Dann nehmen wir uns Zeit, um gemeinsam zu beten, zu spielen, über unsere Ehen und Kinder zu reden und über die nachfolgende Generation nachzudenken."

Glaube an den Universitäten

„Wir sind in vielen Richtungen aktiv und in den letzten Jahren haben wir uns viel damit beschäftigt, wie wir unseren Auftrag in jüngere Hände legen können. Deshalb wollen wir auch zwei Universitäten eröffnen und dort die Lehrer der nächsten Generation ausbilden. Wir planen eine Universität in Pemba und eine weitere in Massachusetts."

Warum gerade Universitäten? Hat nicht dein eigener Vater an der Universität Stanford seinen Glauben verloren?

„Ja, schon, aber später wurde ich von der Stanford-Universität eingeladen, um dort zu sprechen. Viele Angehörige der Universität fingen an zu weinen und gaben ihr Leben Jesus. Es war so ein Triumph für Jesus. Dort, wo mein Vater vom Glauben abkam, konnte ich viele zu Jesus führen. Inzwischen kommen Stanford-Absolventen zu uns nach Pemba und helfen uns hier bei der Entwicklung unserer Studienpläne.

Ein dankbarer Dorfbewohner schenkt Heidi Mais.

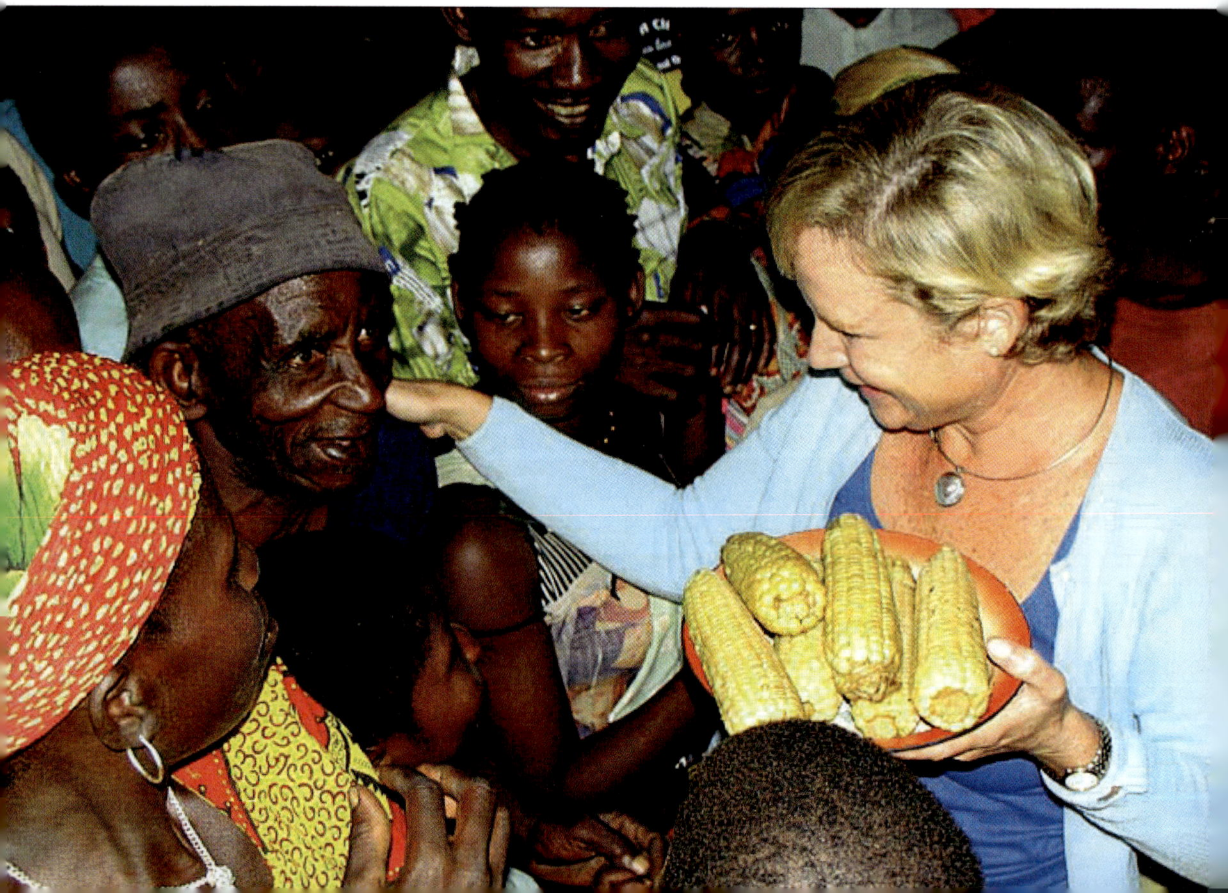

Ich habe keine Angst vor Universitäten. In der Kraft des Heiligen Geistes können wir an die Universitäten gehen und die Studenten zu Jesus einladen.

Unser Sohn ist an einer der besten Universitäten der Welt. Wir haben nicht das Gefühl, dass er dort seinen Glauben verliert. Er ist dort ein Licht und eine Stimme für Gott.

Wir haben an den berühmten amerikanischen Universitäten in Harvard, Princeton, Yale und Berkeley gepredigt. Gott wirkt unter den Studenten und viele leben ihren Glauben sehr offen."

Geistlicher Quotient

„Ich spüre eine große Liebe zu Universitäten und zu jungen Menschen. Ich möchte dort über den geistlichen Quotienten sprechen, der nicht weniger wichtig ist als der Intelligenzquotient und der emotionale Quotient. Ohne den geistlichen Teil unseres Wesens sind wir als Person unvollständig. Wir können ihn entwickeln, indem wir eng mit Gottes Geist verbunden sind. Wenn unser geistlicher Quotient ansteigt, dann verändert sich unser Denken, unser Arbeiten, unser Umgang mit Information, unser ganzes Leben.

Studenten verstehen das. Die Zeit des Atheismus liegt hinter uns. Sie wünschen sich einen lebendigen Gott, der real ist, zu dem man einen persönlichen Kontakt herstellen kann und der ihnen gegenüber positiv eingestellt ist.

Überall auf der Welt beobachten wir solche Entwicklungen unter Studenten.

Wir können ohne Angst an die Unis gehen, wir werden dort nicht unseren Glauben verlieren, sondern Gottes Kraft kann auch dort alles verändern."

Rechnest du damit, dass so eine Erweckung, wie sie hier in Mosambik stattfindet, auch in der westlichen Welt möglich ist?

„Auf jeden Fall! Wir hätten nie daran gedacht, in den USA eine Universität zu gründen, aber uns wurde ein Uni-Gelände angeboten. Im Moment laufen noch die Verhandlungen.

Wir träumen davon, dass die westlichen und die afrikanischen Länder sich gegenseitig bereichern werden. Afrikaner werden in den USA studieren, Asiaten, Südamerikaner und Europäer werden in Mosambik studieren. Alle werden vom Heiligen Geist entzündet sein und Gott wird sie in viele Länder aussenden."

Sind das bis jetzt nur Träume oder habt ihr damit schon angefangen?

„Hier in Mosambik haben wir schon das Grundstück gekauft, vierzig Hektar Land. Die ersten Arbeiten haben schon begonnen. Wir freuen uns sehr darüber!"

Die Jungs aus dem „Village of Joy“: Sie werden die Welt auf den Kopf stellen – sie jagen voran.

Kapitel 20

Gedanken des Autors

Sechs Monate sind seit meiner Reise nach Mosambik vergangen. Das Buch wird bald gedruckt werden. Ich blättere noch einmal durch das Manuskript und wieder berühren die Bilder mich.

Rolland brachte in einer E-Mail seine Hoffnung zum Ausdruck, dass sich viele Leser durch dieses Buch ansprechen lassen werden. Alles, was Heidi und Rolland tun, hat

Während eines Interviews kam ein Junge herein, nahm die Kamera und machte dieses Foto von seiner Pflegemama und dem Autor.

immer zum Ziel, dass Menschen von Gott berührt werden. Gottes Liebe hat die Kraft, Menschen zu verändern, sie innerlich zu heilen und in die Lage zu versetzen, ihren Platz in der Welt auszufüllen.

Heidis Geheimnis

Viele werden sich beim Lesen wünschen, auch so leben zu können wie Heidi – was für die allermeisten von uns unmöglich sein wird. Aber trotzdem können wir dort, wo wir sind, auch etwas von dem erleben, was sie prägt.

Auch wenn es oft so scheint: Heidi ist nicht immer nur die Superfrau. Sie kann nicht alles tun, was sie gerne tun würde, auch wenn sie mehr Kraft hat als viele von uns. Immer wieder kommt auch sie an den Punkt, dass sie aus eigener Kraft nicht weiterkommt.

Ihr Geheimnis sind ihre Zeiten in der Verborgenheit mit Gott, im Gespräch mit ihm und in der Anbetung. Während sie Zeit mit Jesus im Gebet verbringt, bekommt sie die Kraft, die sie braucht.

Aber auch ihr Dienst an den Armen gibt ihr Kraft und viel Freude. Unter den Armen erlebt sie Jesu Nähe, sie sieht Jesus in ihren Augen.

Zum Schluss …

Die meisten von uns sind nicht zu einem Leben berufen, wie Heidi Baker es führt. Aber etwas können wir ihr gleichtun: Sie hat sich entschieden, den Weg zu gehen, den Jesus sie führt. Dieser Weg ist für jeden Menschen anders, aber dieser Entschluss wird jeden von uns in die enge Verbundenheit mit Gott und in ein fruchtbares Leben führen.

Das wünsche ich mir und den Lesern.

Henri Nissen

MIX
Paper from responsible sources
FSC® C084279
www.fsc.org

1. Auflage 2016
Bestell-Nr. 817140
ISBN 978-3-95734-140-2

Umschlaggestaltung: Hanni Plato
Umschlagmotiv: Rolland Baker
Lektorat: Sarah Kleinknecht
Satz: Uhl + Massopust, Aalen
Druck und Verarbeitung: Print Consult, München

www.gerth.de